# LES SECRETS DES COLIS PERDUS

Comment Acheter, Revendre et Faire des Bénéfices

copyright@2024thiryvincent

Tous droit réservés

By vincent thiry

# CHAPITRE :

## Comprendre le marché des colis perdus
## Comment acheter des colis perdus intelligemment
## Déballer, trier et évaluer les colis
## Les stratégies de revente efficaces
## Gérer et développer son activité
## Les astuces et pièges à éviter
## Comment repérer les bons colis à acheter
## Témoignages et succès inspirants
## Conclusion : Une activité rentable et flexible

### Chapitre 1 : Comprendre le marché des colis perdus
1. **Qu'est-ce qu'un colis perdu ?**
   - Les raisons pour lesquelles les colis deviennent "abandonnés".
   - Les règles légales autour des colis non réclamés.

Un colis perdu est un colis qui ne peut pas être localisé ou livré à son destinataire dans un délai raisonnable, souvent en raison de problèmes dans la gestion, la distribution ou la réception du colis. Lorsqu'un colis ne parvient pas à son destinataire, il peut être considéré comme "abandonné" ou "perdu".

**Raisons pour lesquelles les colis deviennent abandonnés :**

1. **Adresse incorrecte ou insuffisante** : L'adresse de livraison peut être mal indiquée ou incomplète, rendant la localisation du destinataire difficile.
2. **Non-réception par le destinataire** : Le destinataire peut être absent lors de la livraison, et le colis peut être retourné au centre de tri sans être réclamé.
3. **Refus du colis** : Parfois, un destinataire refuse de recevoir un colis pour diverses raisons, comme un produit défectueux, une erreur de commande ou une hésitation à payer des frais supplémentaires (par exemple, des droits de douane).
4. **Problèmes de livraison** : Si le transporteur perd le colis, ou s'il est endommagé de manière irrémédiable, il peut être classé comme perdu ou abandonné.
5. **Colis mal triés** : Erreurs dans le tri des colis, où ceux-ci sont envoyés dans un mauvais centre de distribution ou restent non réclamés.

## Règles légales autour des colis non réclamés :

Les règles concernant les colis non réclamés varient en fonction des pays, mais en général, voici les principes applicables :

1. **Délai de réclamation** : En cas d'échec de livraison, un colis peut être conservé pendant un certain temps (souvent de 7 à 30 jours) avant d'être renvoyé à l'expéditeur ou classé comme perdu. Ce délai est réglementé par les conditions générales de transport des sociétés de livraison.
2. **Retour à l'expéditeur** : Si un colis n'est pas réclamé après un certain temps ou est refusé, il peut être renvoyé à l'expéditeur, souvent à ses frais.
3. **Colis abandonné** : Si un colis est abandonné, c'est-à-dire si personne ne le réclame ou s'il est jugé non livrable,

l'expéditeur peut être tenu responsable de son sort. Dans certains cas, les transporteurs ou les services postaux peuvent revendre ou éliminer ces colis après une période définie.
4. **Droit à l'information** : Les destinataires ou les expéditeurs ont généralement le droit d'être informés de la situation de leurs colis, notamment s'ils sont perdus ou retournés.
5. **Droits du consommateur** : Les consommateurs ont souvent des droits en matière de remboursement ou de remplacement si un colis est perdu pendant le transport, selon les garanties offertes par les sociétés de transport ou les assurances choisies lors de l'envoi.

Dans certains pays, des régulations spécifiques peuvent exister pour gérer les colis abandonnés, notamment des lois sur la vente des objets trouvés ou la gestion des biens non réclamés.

2. <u>**Où trouver des colis perdus ?**</u>

- <u>Plateformes spécialisées (Liquidation.com, Bulq, palettes Amazon, etc.).</u>
- <u>Ventes aux enchères de transporteurs (UPS, FedEx, La Poste).</u>
- <u>Magasins de surplus ou centres de déstockage.</u>

Les colis perdus ou abandonnés peuvent parfois être retrouvés et mis en vente dans différents types de plateformes ou lieux spécialisés. Voici les options où vous pouvez trouver des colis perdus ou non réclamés :

### 1. Plateformes spécialisées :

Certaines plateformes en ligne se spécialisent dans la vente de lots de biens non réclamés ou de surplus provenant de différents secteurs, y compris des colis perdus, des retours non réclamés ou des fins de stock. Quelques exemples populaires incluent :

- **Liquidation.com** : Cette plateforme permet d'acheter des palettes de produits excédentaires, des retours ou des produits non réclamés provenant de grandes enseignes. Ces lots peuvent inclure des produits de toutes sortes, y compris des colis perdus ou non récupérés.

- **Bulq** : Bulq est une autre plateforme qui vend des palettes de surplus, des retours de magasins, et des stocks invendus provenant de différents détaillants. Les lots peuvent contenir des articles divers, dont des colis non réclamés ou abandonnés.
- **Palettes Amazon** : Amazon propose également la vente de palettes ou de lots d'articles non réclamés ou retournés. Ces lots peuvent inclure des produits en provenance de divers centres de distribution et peuvent comporter des articles de différentes catégories.

Ces plateformes permettent d'acheter des lots de biens à des prix souvent réduits, bien que la qualité des produits puisse varier.

## 2. Ventes aux enchères de transporteurs :

Les transporteurs de colis et de marchandises organisent parfois des ventes aux enchères pour liquider les colis perdus ou non réclamés. Ces enchères peuvent se tenir en ligne ou en personne et incluent des colis qui n'ont pas pu être livrés ou récupérés. Quelques exemples de transporteurs ayant de telles enchères incluent :

- **UPS** : UPS organise des ventes aux enchères pour les colis non livrés ou perdus. Ces enchères sont souvent annoncées sur des sites web ou directement sur le site de l'entreprise.
- **FedEx** : De manière similaire à UPS, FedEx peut vendre des colis non réclamés ou abandonnés par le biais d'enchères publiques. Ces ventes peuvent être organisées en ligne ou à des événements physiques.
- **La Poste** : En France, La Poste peut organiser des ventes

aux enchères de colis non réclamés, généralement après un certain délai. Ces ventes peuvent inclure des articles divers, des objets personnels ou des biens provenant de colis abandonnés.

Les enchères sont souvent ouvertes au public, mais il est nécessaire de consulter régulièrement les annonces des transporteurs pour être informé des prochaines ventes.

### 3. Magasins de surplus ou centres de déstockage :

Certains magasins spécialisés dans la vente de surplus ou de déstockage peuvent également vendre des colis perdus ou non réclamés. Ces magasins achètent parfois des lots de marchandises invendues ou non réclamées provenant de grandes enseignes, de transporteurs ou de sites de vente en ligne. Les articles sont ensuite revendus à prix réduits.

- **Magasins de surplus** : Ces magasins achètent souvent des stocks excédentaires, y compris des retours de produits et des colis non réclamés, puis les revendent à prix réduit.
- **Centres de déstockage** : Les centres de déstockage ou les outlets vendent des articles à des prix réduits, souvent des produits invendus ou excédentaires provenant de divers détaillants, et parfois des colis abandonnés ou non réclamés.

Dans ces magasins, vous pouvez trouver une large gamme de produits allant des articles électroniques aux vêtements, en passant par des biens ménagers et des accessoires.

### Précautions :

Il est important de noter que l'achat de colis perdus ou non réclamés présente des risques. Les produits peuvent ne pas être dans leur emballage d'origine ou avoir été endommagés pendant le transport. De plus, certaines juridictions peuvent avoir des règles strictes concernant la vente de ces articles, notamment en matière de droits de propriété et de confidentialité. Assurez-vous de vérifier les conditions de vente et les règles locales avant de faire un achat.

3. **Les différents types de colis :**
   - Palettes de retours clients.
   - Colis électroniques, vêtements, articles ménagers, etc.

Les colis peuvent être classés en plusieurs catégories en fonction de leur contenu, de leur origine ou de leur destination. Voici les principaux types de colis que l'on retrouve sur le marché, notamment dans les ventes de surplus ou lors de liquidations de stocks.

## 1. Palettes de retours clients :

Les palettes de retours clients (ou "returns pallets") contiennent des produits retournés par les consommateurs après un achat. Ces retours peuvent être motivés par différentes raisons : produit défectueux, erreur de commande, changement d'avis, ou articles qui ne répondent pas aux attentes des clients. Ces palettes sont souvent achetées par des revendeurs ou des entreprises spécialisées dans le déstockage et la revente à prix réduit.

Les palettes de retours peuvent comprendre une large gamme de produits, tels que :

- **Électronique** : Smartphones, tablettes, ordinateurs, accessoires, etc.
- **Vêtements et mode** : Vêtements, chaussures, accessoires, etc.
- **Articles ménagers** : Ustensiles de cuisine, équipements de nettoyage, petits appareils électroménagers, etc.
- **Produits divers** : Livres, jouets, articles de sport, produits de beauté, etc.

Les produits contenus dans ces palettes peuvent être neufs,

légèrement utilisés ou endommagés, et peuvent être vendus à des prix réduits. Les revendeurs qui achètent ces palettes peuvent soit les revendre en vrac, soit trier les articles pour les vendre séparément.

## 2. Colis électroniques :

Les colis électroniques incluent des produits électroniques de consommation, qui peuvent être envoyés soit en vrac, soit dans des palettes regroupant plusieurs articles. Les types courants de produits électroniques trouvés dans ces colis incluent :

- **Smartphones et tablettes** : Modèles neufs ou retournés par les clients.
- **Ordinateurs et accessoires** : Ordinateurs portables, imprimantes, souris, claviers, etc.
- **Équipements audio et vidéo** : Casques, écouteurs, haut-parleurs, caméras, etc.
- **Petits appareils électroménagers** : Grille-pains, mixeurs, bouilloires, etc.

Les colis électroniques sont souvent recherchés dans les ventes de surplus ou de retours clients car ils peuvent contenir des produits récents ou en très bon état, mais peuvent aussi inclure des articles retournés qui ont été endommagés ou nécessitent une réparation.

## 3. Colis de vêtements :

Les colis de vêtements contiennent des articles de mode, y compris des vêtements, des chaussures et des accessoires. Ces colis proviennent souvent de retours clients ou de stocks excédentaires. Les types d'articles que l'on retrouve fréquemment dans ces colis sont :

- **Vêtements neufs** : T-shirts, pantalons, robes, vestes, etc.
- **Chaussures** : Sandales, bottes, baskets, etc.
- **Accessoires** : Sacs à main, chapeaux, foulards, ceintures,

etc.
- **Vêtements retournés** : Parfois, ces colis peuvent inclure des articles déjà portés mais qui sont en bon état, bien que parfois ils soient légèrement endommagés ou ont été lavés.

Les colis de vêtements sont populaires dans les ventes de liquidation, car la mode est toujours demandée et ces articles peuvent être revendues à des prix compétitifs.

### 4. Colis d'articles ménagers :

Les colis d'articles ménagers comprennent des produits destinés à la maison et au quotidien. Ces colis peuvent être constitués de produits neufs ou retournés. Les types courants d'articles ménagers trouvés dans ces colis sont :

- **Ustensiles de cuisine** : Poêles, casseroles, couteaux, planches à découper, etc.
- **Équipements de nettoyage** : Aspirateurs, balais, seaux, produits d'entretien, etc.
- **Petit électroménager** : Grille-pains, mixeurs, bouilloires, cafetières, etc.
- **Décoration intérieure** : Rideaux, tapis, lampes, cadres photo, etc.

Ces colis peuvent être composés d'articles très variés, mais ils sont souvent populaires auprès des détaillants spécialisés dans la maison ou du public recherchant des articles pratiques à prix réduit.

### 5. Autres types de colis :

- **Colis de jouets** : Ces colis peuvent contenir des jouets pour enfants, des jeux de société, des puzzles, etc., souvent provenant de retours ou de stocks excédentaires.

- **Colis de produits de beauté et de santé** : Ces colis peuvent contenir des cosmétiques, des soins de la peau, des produits capillaires, des compléments alimentaires, etc.
- **Colis de produits alimentaires** : Des palettes de produits alimentaires peuvent parfois être récupérées dans des liquidations ou retours, bien que ces produits soient souvent soumis à des réglementations plus strictes concernant leur date de péremption et leur sécurité.

### Résumé :

Les types de colis varient largement en fonction de leur contenu, mais ils peuvent être classés par catégories de produits comme les articles électroniques, les vêtements, les articles ménagers, les retours clients ou encore les articles de surplus. Ces colis sont souvent disponibles à prix réduits lors de ventes aux enchères, sur des plateformes spécialisées en liquidation ou dans des magasins de surplus et de déstockage. Cependant, la qualité et l'état des produits peuvent varier, donc un tri préalable est souvent nécessaire.

## Chapitre 2 : Comment acheter des colis perdus intelligemment

1. **Évaluer les opportunités :**
   - Rechercher les meilleures plateformes ou ventes aux enchères.
   - Vérifier les descriptions des lots et anticiper leur valeur potentielle.

Pour évaluer les opportunités liées à l'achat de colis perdus, de retours clients, ou de produits en surplus, il est essentiel de bien rechercher les meilleures plateformes et ventes aux enchères, puis d'examiner les descriptions des lots et d'anticiper leur valeur potentielle. Voici un guide détaillé pour vous aider à naviguer efficacement dans ce processus :

## 1. Rechercher les meilleures plateformes ou ventes aux enchères

### a. Plateformes en ligne spécialisées

Les plateformes qui proposent la vente de palettes, de lots de retours clients, ou de produits excédentaires sont souvent des lieux privilégiés pour acheter à des prix réduits. Voici quelques-unes des meilleures plateformes :

- **Liquidation.com** : Une plateforme bien établie pour l'achat de palettes de surplus ou de retours clients. Elle permet aux acheteurs de participer à des enchères sur des lots de produits divers, allant des vêtements à l'électronique, en passant par les articles ménagers.
    - **Conseil** : Lisez les descriptions de lots attentivement, et assurez-vous que les photos sont claires et représentatives des produits. Si possible, demandez des informations supplémentaires sur l'état des produits.
- **Bulq** : Cette plateforme vend des lots de surplus, des retours clients et des palettes d'articles provenant de différents détaillants. Vous pouvez choisir des catégories spécifiques, comme l'électronique ou la mode, et acheter en toute transparence.
    - **Conseil** : Vérifiez la catégorie d'articles qui vous intéresse, et demandez des détails sur les taux de retour, les défauts ou les pièces manquantes, si possible.
- **Direct Liquidation** : Une autre plateforme en ligne qui propose des palettes de surplus, des retours et des produits en liquidation. Vous y trouverez de nombreuses options, notamment dans l'électronique, la mode et les articles ménagers.
    - **Conseil** : Examinez les avis et les notes des autres acheteurs pour vous faire une idée de la

fiabilité de la plateforme et de la qualité des lots proposés.
- **Amazon Liquidation** : Amazon propose des ventes aux enchères et des offres de liquidation pour ses retours clients et ses stocks excédentaires. Vous pouvez acheter des palettes d'articles Amazon.
  - **Conseil** : Assurez-vous de bien comprendre les conditions de vente, car certains lots peuvent contenir des articles endommagés ou manquants.

### b. Ventes aux enchères de transporteurs

Les transporteurs, comme UPS, FedEx et La Poste, organisent parfois des ventes aux enchères de colis non réclamés ou perdus. Ces enchères peuvent se faire en ligne ou en personne.

- **UPS** et **FedEx** : Ces transporteurs organisent des enchères pour les colis non livrés ou non réclamés. Vous pouvez souvent trouver des informations sur leurs sites web ou sur des sites de vente aux enchères spécialisés.
  - **Conseil** : Surveillez les dates des enchères et examinez les lots avant de participer. Ces colis peuvent être intéressants, mais il est crucial de connaître les frais de transport et de traitement.
- **La Poste (France)** : La Poste organise des enchères pour les colis non réclamés après un certain délai. Ces ventes sont souvent accessibles au public et peuvent être une bonne occasion d'acheter des biens variés à bas prix.
  - **Conseil** : Vérifiez les modalités de vente et les frais annexes. Parfois, les ventes de colis non réclamés sont organisées par des sociétés partenaires, alors renseignez-vous sur ces événements.

### c. Magasins de surplus et centres de déstockage

Les magasins de surplus ou de déstockage sont une autre source d'opportunités pour acheter des produits excédentaires ou retournés. Ces magasins peuvent vendre une variété de produits, y compris de l'électronique, des vêtements, des meubles, et plus encore.

- **Magasins de surplus** : Ils achètent souvent des stocks excédentaires, des retours et des produits invendus. Vous pouvez y trouver des articles à des prix intéressants.
  - **Conseil** : Visitez régulièrement ces magasins pour profiter des offres spéciales et assurez-vous de vérifier la qualité des articles avant d'acheter.
- **Centres de déstockage** : Ces centres vendent des produits à prix réduit provenant de diverses sources (excédents de stocks, retours, liquidations).
  - **Conseil** : Lisez attentivement les étiquettes des produits et assurez-vous qu'ils sont en bon état avant d'acheter.

## 2. Vérifier les descriptions des lots et anticiper leur valeur potentielle

### a. Vérification des descriptions des lots

Lorsque vous examinez les descriptions des lots, il est essentiel de porter attention aux détails suivants :

- **Photos claires** : Assurez-vous que les photos reflètent fidèlement le contenu du lot. Si elles sont floues ou peu claires, demandez des photos supplémentaires avant de vous engager.
- **Liste des produits** : Vérifiez que la liste des articles inclus dans le lot correspond à vos attentes. Parfois, les descriptions sont vagues ou incomplètes.
- **État des produits** : Assurez-vous de connaître l'état des produits. Sont-ils neufs, ouverts, ou usagés ? Certains lots peuvent inclure des articles retournés ou endommagés.

- **Quantité et types d'articles** : Soyez précis sur les quantités et les types d'articles inclus dans le lot. Cela vous aidera à estimer la valeur du lot par rapport à son prix d'achat.

**b. Anticiper la valeur potentielle**

Pour évaluer la valeur potentielle d'un lot, voici quelques astuces :

- **Prix de détail des articles** : Si vous pouvez obtenir une idée des prix de détail des articles inclus, comparez-les à celui du lot. Si le prix total du lot est bien inférieur à la somme des prix individuels des articles, cela peut être une bonne affaire.
- **État et fonctionnalité** : Tenez compte de l'état général des articles. Les produits endommagés ou manquants affecteront leur valeur potentielle.
- **Marché secondaire** : Si vous envisagez de revendre les articles, vérifiez leur popularité et leur demande sur des sites comme eBay, Amazon, ou des forums spécialisés. Cela vous aidera à anticiper la valeur de revente.
- **Coûts supplémentaires** : N'oubliez pas d'inclure les frais de transport, d'importation (si applicable) et les frais de réparation potentiels si des articles sont endommagés.

## Conclusion

Rechercher des plateformes fiables et participer à des ventes aux enchères de colis perdus ou de retours clients peut offrir de bonnes opportunités d'achat à prix réduit. Toutefois, il est essentiel de bien analyser les descriptions des lots et d'anticiper leur valeur en tenant compte des critères mentionnés. Cela vous permettra d'optimiser vos investissements et d'éviter les mauvaises surprises.

2. **<u>Définir son budget :</u>**
    - <u>Calculer les coûts totaux (achat, transport,</u>

taxes).
- Prévoir une marge pour les articles invendables.

Définir un budget précis est essentiel lorsque vous achetez des lots de colis perdus, de retours clients ou de produits excédentaires. Cela vous permet de vous assurer que l'achat reste rentable tout en prenant en compte tous les coûts associés. Voici comment procéder pour calculer les coûts totaux et prévoir une marge pour les articles invendables.

## 1. Calculer les coûts totaux

### a. Coût d'achat du lot

Le coût d'achat représente le montant que vous payez pour acheter le lot. Ce coût est souvent indiqué sur la plateforme de vente ou lors des enchères. Vous devez vérifier si le prix affiché inclut ou non des frais supplémentaires (comme des frais de service ou des frais d'enchères).

- **Exemple** : Si vous achetez un lot d'électronique pour 500 €, assurez-vous de prendre en compte toutes les taxes ou frais additionnels mentionnés au moment de l'achat.

### b. Coût du transport

Le coût du transport dépend de plusieurs facteurs :

- **Frais d'expédition** : Il s'agit des frais de livraison pour l'acheminement du lot vers votre adresse ou un entrepôt.
- **Frais de manutention** : Certains vendeurs ou plateformes ajoutent des frais de préparation ou de manutention pour emballer et expédier les articles.
- **Assurance transport** : Si le lot est coûteux, il peut être judicieux de souscrire une assurance pour couvrir la perte ou les dommages pendant le transport.

**Conseil** : Si vous achetez en ligne sur des plateformes comme Liquidation.com ou Bulq, ces plateformes indiquent souvent des frais d'expédition au moment du paiement. Si vous participez à une enchère physique, les frais de transport peuvent être calculés en fonction du poids ou de la taille du lot.

- **Exemple** : Le transport d'un lot d'environ 20 kg peut coûter entre 30 € et 100 €, selon la destination.

### c. Taxes et droits de douane

Lorsque vous importez des colis d'un autre pays, vous devrez peut-être payer des **droits de douane** et des **taxes** sur les produits, surtout si vous achetez des lots à l'international.

- **Droits de douane** : Les frais varient en fonction du pays d'origine des produits et de leur valeur. En général, les droits de douane sont un pourcentage de la valeur d'achat.
- **TVA** : En fonction de votre pays, vous devrez peut-être payer la TVA sur l'achat, le transport ou la vente des produits.

**Conseil** : Renseignez-vous sur les taux de TVA et les droits de douane applicables dans votre pays pour éviter les mauvaises surprises.

- **Exemple** : Si vous achetez un lot à l'étranger d'une valeur de 500 € et que les frais de douane et la TVA s'élèvent à 20 %, cela ajoutera 100 € à votre coût total.

### Résumé du calcul des coûts totaux

Voici un exemple pour calculer les coûts totaux d'un achat :

- **Coût d'achat du lot** : 500 €
- **Frais de transport** : 50 €
- **Droits de douane et taxes** : 100 €

**Coût total** = 500 € + 50 € + 100 € = **650 €**

## 2. Prévoir une marge pour les articles invendables

Lors de l'achat de lots, il est important de prévoir une marge pour les articles invendables ou endommagés. Certains articles dans le lot peuvent ne pas être en état de fonctionnement ou peuvent ne pas se vendre du tout. Voici comment procéder :

### a. Évaluation du taux de produits invendables

Un lot peut contenir des articles qui sont :

- **Endommagés** : Ceux-ci peuvent avoir des défauts mineurs ou majeurs qui les empêchent d'être revendus.
- **Non demandés** : Certains produits peuvent être difficiles à vendre en raison de leur popularité limitée ou de leur obsolescence.
- **Retours de clients** : Si vous achetez des retours clients, certains articles peuvent ne pas être dans un état neuf ou peuvent avoir été utilisés.

En général, pour des lots de produits variés, il est prudent de considérer que **5 à 20 %** des articles peuvent être invendables, en fonction de la qualité du lot.

### b. Calcul de la marge pour les invendables

Une fois que vous avez évalué le pourcentage de produits invendables, vous pouvez ajuster votre budget en conséquence. Par exemple, si vous achetez un lot de 100 articles pour 650 € et que vous estimez que 10 % des articles seront invendables, cela représente 10 articles.

- **Coût moyen par article** = 650 € / 100 articles = 6,50 € par article
- **Marge pour invendables** = 10 articles x 6,50 € = 65 €

Dans cet exemple, vous devez prévoir **65 €** pour couvrir les pertes dues aux articles invendables.

### c. Prévoir une marge bénéficiaire

Lorsque vous vendez les produits, vous devez également prévoir une marge bénéficiaire. En fonction du type de produits, de leur demande et de leur état, vous pouvez appliquer une marge de revente de **20 à 50 %** (ou plus, selon la catégorie de produits).

## 3. Estimation du bénéfice net

Pour estimer le bénéfice net de votre investissement, voici une formule simple :

**Bénéfice net = Revenus de la vente - Coût total - Marge pour invendables**

Par exemple, si vous vendez chaque article à 12 € en moyenne, vous obtenez :

- **Revenus de la vente** = 12 € x 100 articles = 1 200 €
- **Coût total** = 650 €
- **Marge pour invendables** = 65 €
- **Bénéfice net** = 1 200 € - 650 € - 65 € = **485 €**

## Conclusion

Définir un budget et prévoir les coûts totaux (achat, transport, taxes) et la marge pour les invendables est crucial pour assurer la rentabilité de votre achat. En suivant les étapes décrites, vous pourrez évaluer précisément les coûts et les bénéfices potentiels avant de vous engager dans un achat de lots. Assurez-vous également de prendre en compte les éventuels frais imprévus et d'ajuster votre stratégie en conséquence pour optimiser votre retour sur investissement.

3. <u>**Conseils pour les enchères en ligne :**</u>
    - <u>Stratégies pour remporter des enchères sans surpayer.</u>
    - <u>Ne jamais se laisser emporter par l'émotion.</u>

Les enchères en ligne peuvent être une méthode intéressante pour acquérir des lots à prix réduits, mais elles nécessitent une approche stratégique pour éviter de surpayer et garantir que vous obtenez un bon retour sur investissement. Voici quelques conseils pratiques pour remporter des enchères sans vous laisser emporter par l'émotion :

### 1. <u>**Stratégies pour remporter des enchères sans surpayer**</u>

### a. Fixer un budget préalable et s'y tenir

Avant de participer à une enchère, il est essentiel de définir un **budget maximum** que vous êtes prêt à investir, en prenant en compte tous les frais associés (coût du lot, frais d'expédition, taxes, etc.). Cela vous aidera à éviter de vous laisser emporter par l'adrénaline du moment.

- **Conseil** : Si vous atteignez votre budget, **arrêtez-vous**. Ne tentez pas de "battre" un autre enchérisseur pour quelques euros de plus, car cela peut entraîner des pertes non rentables.

### b. Suivre les enchères de près mais ne pas trop enchérir trop tôt

Beaucoup d'enchères en ligne fonctionnent sur une base progressive où les enchérisseurs peuvent faire des offres successives. Une stratégie efficace consiste à suivre l'enchère sans placer de surenchères trop tôt. Attendez le bon moment pour intervenir.

- **Conseil** : **Ne placez pas votre enchère immédiatement** après l'ouverture de l'enchère. Cela peut inciter d'autres enchérisseurs à vous suivre et à augmenter le prix. Placez une enchère réfléchie vers la fin de l'enchère (appelée "enchère sniping") lorsque vous êtes certain de la valeur du lot.

### c. Analyser l'historique des enchères

Si vous participez à des enchères sur une plateforme comme Liquidation.com, vérifiez **l'historique des enchères** des lots similaires. Cela vous donnera une idée de la fourchette de prix habituelle pour ce type de lot.

- **Conseil** : Ne vous précipitez pas si un lot commence à un prix bas ; analysez les enchères passées et évaluez si le prix est susceptible de grimper trop haut. Si le lot dépasse systématiquement une certaine somme, il peut ne pas en valoir la peine.

### d. Utiliser des alertes et des notifications

De nombreuses plateformes permettent de **configurer des alertes** ou des notifications pour les enchères intéressantes. Cela vous aide à être informé en temps réel de l'évolution des enchères, afin de ne pas manquer une bonne opportunité.

- **Conseil** : Configurez des alertes pour des catégories spécifiques ou des lots qui vous intéressent particulièrement. Cela vous évite de passer du temps sur des enchères qui ne vous conviennent pas.

### e. Calculer la rentabilité avant de surenchérir

Avant de placer une enchère, calculez rapidement la rentabilité potentielle de l'achat. Par exemple, si vous envisagez de revendre les produits d'un lot, comparez le coût total de l'achat (y compris transport, taxes, et frais) au prix de revente estimé.

- **Conseil** : Assurez-vous que même si l'enchère atteint votre limite, la marge bénéficiaire reste intéressante. Si le prix commence à trop grimper, il peut être plus sage de laisser l'enchère passer.

## 2. Ne jamais se laisser emporter par l'émotion

### a. Rester calme et rationnel

L'adrénaline peut jouer un rôle important dans les enchères en ligne, surtout lorsque plusieurs enchérisseurs sont en compétition pour un lot populaire. Cependant, il est crucial de ne pas se laisser emporter par l'émotion. Une enchère est avant tout un investissement, et vous devez rester rationnel dans vos décisions.

- **Conseil** : Si vous sentez que l'enchère devient émotionnelle ou compétitive, **prenez un moment pour réfléchir** avant de placer une nouvelle enchère. Demandez-vous si ce lot vaut vraiment ce que vous êtes prêt à payer.

### b. Ne pas tomber dans le piège de la « compétition »

Parfois, vous pouvez être tenté de surenchérir pour "gagner" face à un autre enchérisseur, surtout si vous sentez qu'il vous "challengera" jusqu'au dernier moment. Cela peut être une erreur, car cela augmente artificiellement le prix d'achat d'un lot, vous faisant perdre de vue la rentabilité de l'opération.

- **Conseil : Ignorez la compétition** et concentrez-vous uniquement sur la valeur réelle du lot pour vous. Si vous atteignez votre budget, **arrêtez-vous**, même si d'autres enchérisseurs continuent.

### c. Préparer une stratégie de sortie

Avant de commencer à enchérir, préparez une **stratégie de sortie**. En d'autres termes, déterminez à l'avance ce que vous ferez si vous perdez l'enchère ou si elle atteint un prix trop élevé. Cela vous évitera de regretter une enchère impulsive.

- **Conseil** : Si le prix du lot dépasse votre budget, n'hésitez pas à laisser l'enchère se terminer sans intervenir davantage. Il y aura probablement d'autres opportunités similaires.

### d. Ne pas acheter sous pression

Il est facile de se sentir pressé ou pressé par la dynamique de l'enchère. Vous pouvez penser que vous devez absolument gagner, surtout si vous avez suivi l'enchère pendant un moment. Mais achetez toujours de manière réfléchie, en vous concentrant sur le retour sur investissement plutôt que sur le fait de "gagner" à tout prix.

- **Conseil : Rappelez-vous que de nombreuses enchères ont lieu chaque jour**. Il y a toujours une autre opportunité. Ne vous laissez pas piéger par le besoin immédiat d'acquérir un lot, surtout si celui-ci dépasse votre budget ou si sa rentabilité est incertaine.

### 3. Autres conseils pratiques pour les enchères en ligne

- **Se préparer à l'avance** : Familiarisez-vous avec la plateforme d'enchères, les conditions de vente et les règles spécifiques des enchères.

- **Prendre en compte les frais supplémentaires** : Assurez-vous de prendre en compte tous les frais (d'enchère, de transport, de gestion, etc.) qui peuvent s'ajouter au prix d'achat du lot.
- **Vérifier les termes de retour** : Parfois, les plateformes offrent un droit de retour ou une garantie limitée sur les lots. Cela peut être un facteur déterminant pour évaluer le risque d'achat.

## **Conclusion**

Les enchères en ligne peuvent être un excellent moyen d'acquérir des produits à prix réduit, mais pour réussir, vous devez éviter de vous laisser emporter par l'émotion et être stratégique dans vos offres. En fixant un budget, en analysant les lots et en restant calme pendant l'enchère, vous maximisez vos chances de réaliser un achat rentable et réfléchi.

4. **Types de colis à privilégier :**
   - Produits électroniques.
   - Articles de marques connues.
   - Objets rares ou saisonniers.

Lorsque vous participez à des enchères ou achetez des lots de colis perdus, il est important de privilégier certains types de produits qui ont un potentiel de revente élevé. Voici les types de colis à considérer pour maximiser vos chances de rentabilité :

## 1. Produits électroniques

Les produits électroniques, en particulier ceux qui sont populaires ou de haute qualité, sont souvent les plus recherchés et peuvent générer des bénéfices intéressants. Les articles électroniques ont une demande constante et un marché très actif, ce qui les rend attrayants pour la revente. Voici quelques exemples :

**a. Smartphones et accessoires**

Les smartphones sont des produits très recherchés, même s'ils sont légèrement usagés ou reconditionnés. Les accessoires comme les écouteurs, les chargeurs ou les coques peuvent également se vendre facilement.

- **Conseil** : Recherchez des lots contenant des smartphones de marques populaires comme Apple, Samsung ou Google, qui conservent une bonne valeur sur le marché secondaire.

### b. Appareils électroménagers

Des appareils comme des aspirateurs, des mixeurs, des machines à café ou des robots de cuisine peuvent avoir une demande forte, surtout si ce sont des modèles récents ou de marques reconnues.

- **Conseil** : Les produits électroménagers de grandes marques (Dyson, KitchenAid, Philips, etc.) sont souvent des valeurs sûres pour la revente.

### c. Équipements audio et vidéo

Les équipements audio (comme les casques, les enceintes Bluetooth, etc.) et vidéo (comme les caméras, les téléviseurs, les projecteurs) sont populaires et se vendent bien, surtout lorsqu'ils sont de marques réputées.

- **Conseil** : Assurez-vous que les produits sont en bon état de fonctionnement, car les consommateurs recherchent des appareils fiables.

### d. Consoles de jeux et accessoires

Les consoles de jeux vidéo, comme la PlayStation, la Xbox ou la Nintendo Switch, ainsi que leurs accessoires, sont souvent très demandés. Même les jeux vidéo d'occasion peuvent se vendre à bon prix.

- **Conseil** : Si vous pouvez obtenir des lots contenant des consoles récentes ou populaires, cela peut représenter une excellente opportunité de revente.

## 2. Articles de marques connues

Les articles de marques renommées, qu'il s'agisse de vêtements, de sacs à main, de chaussures, ou de produits de luxe, sont toujours très recherchés, en particulier si ces articles sont en bon état ou ne présentent que des défauts mineurs.

### a. Vêtements et accessoires

Les vêtements de marques haut de gamme, comme Gucci, Prada, Chanel, ou encore des marques populaires comme Nike, Adidas ou Levi's, se vendent bien, surtout si ce sont des produits récents ou tendances.

- **Conseil** : Les lots de vêtements peuvent contenir des articles invendables, alors assurez-vous de bien vérifier l'état des produits avant d'acheter. Les articles en bon état ou neuf avec étiquettes sont particulièrement recherchés.

### b. Sacs à main et accessoires de mode

Les sacs à main et les accessoires de mode de marques connues comme Louis Vuitton, Michael Kors, ou Coach ont un marché secondaire très actif. Même les produits légèrement usagés peuvent se vendre à un prix intéressant.

- **Conseil** : Si vous achetez des sacs de marques de luxe, vérifiez leur authenticité et leur état avant l'achat, car les contrefaçons peuvent être difficiles à revendre.

### c. Montres et bijoux

Les montres de marques célèbres (Rolex, Omega, Tag Heuer) ou les bijoux haut de gamme sont des produits qui ont un potentiel de revente élevé. Cependant, il faut s'assurer de l'authenticité des produits et de leur état.

- **Conseil** : Si possible, achetez des lots contenant des articles de marques de luxe ou des produits rares. Une montre authentique en bon état peut être un investissement très rentable.

### 3. Objets rares ou saisonniers

Les objets rares ou saisonniers peuvent également offrir des opportunités intéressantes, car ils attirent des acheteurs prêts à payer un prix plus élevé pour des articles uniques ou saisonniers.

### a. Objets de collection

Les objets de collection, comme des bandes dessinées, des figurines, des jeux vidéo rétro, ou des pièces de monnaie rares, peuvent atteindre des prix très élevés. Ce type de produit dépend fortement de la demande des collectionneurs et de la rareté des articles.

- **Conseil** : Les articles rares comme les figurines de collection (Funko Pop, par exemple) ou des objets en édition limitée peuvent être particulièrement rentables.

### b. Articles saisonniers

Les articles saisonniers, comme les décorations de Noël, les vêtements de ski ou les maillots de bain, peuvent se vendre à bon prix en fonction de la saison. Ces produits sont populaires à certaines périodes de l'année, mais ils doivent être vendus au moment opportun.

- **Conseil** : Achetez des articles saisonniers en dehors de la haute saison, mais assurez-vous de pouvoir les stocker correctement jusqu'à ce qu'ils deviennent populaires.

### c. Articles vintage ou rétro

Les articles vintage ou rétro, comme des meubles, des vêtements, des objets de décoration ou des appareils anciens, peuvent attirer un public fidèle prêt à payer plus cher pour des produits authentiques et rares.

- **Conseil** : Recherchez des articles vintage qui ont un historique ou un design particulier. Les meubles anciens ou les objets de décoration rétro peuvent être vendus à des prix élevés si vous trouvez la bonne niche.

## Conclusion

Privilégier les **produits électroniques**, les **articles de marques**

**connues** et les **objets rares ou saisonniers** peut vous permettre de réaliser des bénéfices intéressants, car ces produits sont en forte demande et ont un bon potentiel de revente. Cependant, il est crucial de vérifier l'état des articles, d'évaluer leur authenticité et de bien connaître le marché avant de faire un achat. Assurez-vous également que la demande pour ces produits est suffisamment forte pour garantir une vente rapide et rentable.

### Chapitre 3 : Déballer, trier et évaluer les colis

1. **L'importance de l'organisation :**
   - Créer un espace dédié pour déballer et inventorier les articles.

L'organisation est un élément clé pour gérer efficacement les colis récupérés lors des enchères ou achats de lots. Créer un espace dédié pour déballer et inventorier les articles vous aidera à optimiser votre processus de travail et à maximiser vos profits. Voici pourquoi et comment vous pouvez mettre en place un espace dédié :

### 1. Pourquoi l'organisation est essentielle ?

**a. Efficacité et gain de temps**

Lorsque vous disposez d'un espace spécifique pour déballer et trier les articles, vous gagnez du temps en évitant de devoir chercher des outils ou des espaces appropriés à chaque étape. Une organisation claire réduit les déplacements inutiles et vous permet de vous concentrer sur des tâches importantes comme l'évaluation des produits, leur nettoyage, ou leur mise en vente.

- **Conseil** : Ayez un espace propre, bien éclairé, et facilement accessible pour éviter de perdre du temps à chercher les articles ou à travailler dans des conditions inconfortables.

**b. Gestion des stocks**

Un espace dédié vous permet de mieux organiser vos articles en fonction de leurs types, tailles, états ou catégories (électroniques, vêtements, objets de collection, etc.). Cela facilite le suivi des stocks et réduit les risques d'oubli ou de pertes d'articles.

> - **Conseil** : Utilisez des étiquettes ou des bacs pour séparer les catégories de produits et faciliter leur gestion.

### c. Réduction des erreurs

Le fait de disposer d'un espace précis pour le déballage et l'inventaire permet de garder une vue d'ensemble sur tous les articles, ce qui réduit le risque de confusion ou d'oubli. Vous pourrez vérifier chaque produit minutieusement pour identifier des défauts ou des caractéristiques importantes à mentionner lors de la vente.

> - **Conseil** : Prenez des notes sur chaque article (par exemple, état, marque, modèle, accessoires manquants) au fur et à mesure pour vous éviter de devoir revenir sur les articles plus tard.

### d. Sécurité et protection des articles

Les produits peuvent être fragiles ou sensibles à la poussière, à l'humidité ou à d'autres facteurs. Un espace bien organisé vous permet de protéger vos articles pendant le déballage et l'inventaire. Il est important de les stocker correctement pour éviter tout dommage qui pourrait affecter leur valeur de revente.

> - **Conseil** : Prévoyez des étagères ou des zones protégées pour les articles fragiles, comme les appareils électroniques ou les objets de collection, et assurez-vous que l'espace est à l'abri de l'humidité ou de la chaleur excessive.

## 2. Comment organiser un espace dédié ?

### a. Choisir l'emplacement

L'emplacement de votre espace de travail est crucial. Il doit être à la fois suffisamment spacieux et bien éclairé. L'espace doit aussi être facilement accessible, surtout si vous prévoyez de traiter un grand nombre de colis régulièrement.

- **Conseil** : Si possible, choisissez un espace avec une **bonne ventilation** et **un accès direct à l'extérieur** pour les moments où vous devez expédier les produits.

### b. Aménager des zones de travail spécifiques

Divisez votre espace en différentes zones pour faciliter les différentes étapes du processus :

1. **Zone de déballage** : Un espace propre et dégagé où vous pouvez ouvrir les colis en toute sécurité sans endommager les articles.
2. **Zone d'inventaire** : Un espace où vous pouvez trier les articles, les photographier et les inventorier. Cette zone doit être organisée par catégories, comme "vêtements", "électroniques", "accessoires", etc.
3. **Zone de nettoyage ou réparation** : Si certains articles nécessitent un nettoyage ou une réparation, créez un espace distinct pour ces tâches. Cela peut inclure une table de travail, des produits de nettoyage, ou des outils de réparation.
4. **Zone de stockage temporaire** : Une zone où vous pouvez entreposer les articles avant leur mise en vente, de manière ordonnée et étiquetée.

### c. Utiliser des outils d'organisation

Utilisez des outils pour faciliter l'organisation de l'espace et le suivi des articles :

- **Étagères ou racks** : Utilisez des étagères pour organiser les articles par type ou par taille. Cela permet une meilleure visibilité et un accès facile aux produits.
- **Étiquettes et boîtes de rangement** : Étiquetez les produits ou stockez-les dans des boîtes ou des bacs pour les garder bien ordonnés.
- **Inventaire numérique** : Utilisez un logiciel ou une

feuille de calcul pour suivre l'inventaire de vos articles, leur état, et les informations nécessaires à leur revente.
- **Conseil** : Pour les produits électroniques, vous pouvez utiliser des **sacs anti-statiques** pour éviter tout dommage dû à l'électricité statique.

### d. Protéger l'espace et les articles

Assurez-vous que l'espace est sécurisé et que les articles sont protégés pendant les étapes de déballage et de tri. Par exemple, vous pouvez :
- Utiliser des **tapis de travail** pour les articles fragiles, comme les appareils électroniques.
- Avoir des **boîtes de rangement** pour les petits articles afin de ne pas les égarer.
- Prévoir un **stockage séparé** pour les articles qui ne sont pas encore triés ou qui nécessitent une attention particulière.

### e. Maintenir l'espace propre et dégagé

Un environnement de travail propre et dégagé permet de travailler plus efficacement et en toute sécurité. Il est important de garder l'espace bien rangé pour éviter de se retrouver avec une accumulation d'articles non triés ou des matériaux inutiles qui prennent de la place.
- **Conseil** : Prévoyez un espace pour jeter ou recycler les matériaux inutiles, comme les emballages ou les matériaux d'emballage excédentaires.

## 3. Conseils pratiques supplémentaires

- **Planification du temps** : Dédiez des plages horaires spécifiques à chaque tâche (déballage, inventaire, nettoyage, photographie, mise en vente) pour ne pas être submergé.
- **Équipe ou aide** : Si vous travaillez avec d'autres personnes, assurez-vous que chacun connaît son rôle et

l'espace qui lui est attribué pour maximiser l'efficacité.
- **Rotation des stocks** : Organisez vos articles pour faciliter la gestion de la vente, en vous assurant que les produits sont bien exposés et mis à jour régulièrement dans votre inventaire.

## Conclusion

L'organisation est cruciale pour gérer efficacement les lots de colis et garantir une vente rapide et rentable. En créant un espace dédié pour déballer et inventorier les articles, vous pourrez non seulement gagner du temps, mais aussi protéger vos produits, éviter les erreurs, et optimiser votre gestion des stocks. Une organisation soignée est un atout précieux pour réussir dans la revente de colis perdus ou invendus.

2. **Trier efficacement :**
    - Séparer les articles en trois catégories : prêts à revendre, réparables, invendables.
    - Identifier les produits nécessitant un nettoyage ou des réparations simples.

Trier efficacement les articles récupérés est crucial pour maximiser la rentabilité et éviter de perdre du temps sur des produits invendables ou trop endommagés. Un tri bien organisé permet de gérer les articles de manière stratégique et de les préparer pour la revente. Voici comment procéder pour trier les articles en trois catégories : **prêts à revendre**, **réparables**, et **invendables**, tout en identifiant les produits nécessitant un nettoyage ou des réparations simples.

### 1. Séparer les articles en trois catégories :

#### a. Prêts à revendre
Les articles dans cette catégorie sont dans un état suffisamment bon pour être revendus immédiatement. Ces articles ne

nécessitent pas de nettoyage ou de réparations importantes.
- **Critères** :
  - **Neuf ou en excellent état** : Les produits sans traces d'usure, sans défauts visibles, et complets avec leurs accessoires (emballage, notice, câbles, etc.) sont prêts à être mis en vente.
  - **Articles de marque ou populaires** : Les produits de marques reconnues ou très demandées peuvent souvent être revendus sans modification.
  - **Articles tendance ou saisonniers** : Les objets qui sont à la mode ou pertinents selon la saison (vêtements d'hiver, équipements sportifs, etc.) peuvent être revendus rapidement.
- **Exemple** : Un smartphone neuf avec boîte, accessoires, et aucun signe d'utilisation, un sac à main de marque en parfait état.

### b. Réparables

Les articles dans cette catégorie nécessitent une réparation mineure ou un nettoyage avant de pouvoir être revendus. Ces produits peuvent encore être rentables s'ils sont réparés ou améliorés.
- **Critères** :
  - **Réparations simples** : Par exemple, un appareil électronique dont l'écran est fissuré mais qui fonctionne encore, ou un vêtement qui a besoin d'un bouton à recoudre ou d'un petit accroc à réparer.
  - **Nettoyage nécessaire** : Les articles sales ou poussiéreux peuvent être nettoyés et préparés pour la vente.
  - **Pièces manquantes** : Si un article a une pièce manquante mais peut être réparé ou complété facilement (comme un chargeur manquant

pour un appareil électronique), il peut être inclus dans cette catégorie.
- **Exemple** : Un ordinateur portable avec un câble d'alimentation manquant, une lampe qui ne fonctionne pas mais dont la pile peut être changée, ou un vêtement avec une petite déchirure à recoudre.

### c. Invendables

Les articles qui sont trop endommagés, cassés ou non fonctionnels tombent dans cette catégorie. Bien que certains puissent être recyclés ou donner droit à un remboursement ou à une réparation sous garantie, ils ne sont pas rentables à revendre.

- **Critères** :
  - **Endommagés de façon irréparable** : Les produits cassés ou irrécupérables (par exemple, un téléviseur qui ne s'allume plus et dont la réparation est coûteuse) doivent être classés ici.
  - **Pièces manquantes importantes** : Si l'article ne peut pas être utilisé sans certaines pièces essentielles, il est probablement invendable.
  - **Articles périmés ou obsolètes** : Certains articles, comme des produits électroniques très anciens, peuvent ne plus être utiles ou recherchés, même réparés.
- **Exemple** : Un téléphone dont l'écran est brisé et la carte mère endommagée, une montre cassée avec des composants internes non réparables, un vêtement avec de graves taches qui ne partent pas.

## 2. Identifier les produits nécessitant un nettoyage ou des réparations simples :

### a. Nettoyage des articles

Certains articles peuvent être revendus après un simple nettoyage, ce qui peut les rendre presque comme neufs. Voici quelques types d'articles à nettoyer avant de les revendre :

- **Vêtements** : Lavez les vêtements et, si nécessaire, repassez-les pour qu'ils aient l'air soignés. Vérifiez aussi les étiquettes pour voir s'ils peuvent être nettoyés en machine ou s'ils nécessitent un nettoyage à sec.
- **Articles en cuir (sacs, chaussures, vestes)** : Utilisez un nettoyant pour cuir doux et une crème nourrissante pour redonner de l'éclat aux articles en cuir. Vérifiez les coutures pour vous assurer qu'il n'y a pas de dommages.
- **Appareils électroniques** : Nettoyez les surfaces des appareils avec un chiffon doux pour éliminer les traces de doigts, la poussière ou la saleté. Assurez-vous que les ports, comme ceux pour les câbles, sont propres.
- **Meubles** : Si vous avez récupéré des meubles, passez un chiffon humide pour les nettoyer et éliminer la poussière. Les meubles en bois peuvent bénéficier d'un polissage léger pour leur redonner de l'éclat.

**b. Réparations simples**

Certaines petites réparations peuvent être effectuées pour rendre un produit revendable :

- **Électronique** : Si un produit électronique ne fonctionne pas, vérifiez les batteries, les câbles d'alimentation ou les fusibles. Pour les appareils qui ne s'allument plus, parfois un simple redémarrage ou un changement de pile peut suffire.
- **Vêtements** : Si un vêtement a une couture qui se défait, cousez-la. Si un bouton est manquant, remplacez-le. Vérifiez les fermetures éclair ou les trous dans les tissus.
- **Meubles et objets divers** : Si un meuble a une jambe cassée ou un objet décoratif est ébréché, certaines réparations simples comme la colle, le clouage ou la fixation de la pièce peuvent suffire.

**c. Évaluer la faisabilité des réparations**

Avant de réparer des articles, il est important d'évaluer si la réparation est rentable. Parfois, les coûts de réparation peuvent dépasser le prix que vous pourriez obtenir pour l'article, rendant ainsi la réparation non rentable.

- **Exemple** : Réparer un smartphone avec un écran fissuré peut coûter moins cher que de le vendre pour pièces, alors que pour un produit de haute valeur comme un ordinateur portable haut de gamme, il peut être rentable de remplacer une pièce défectueuse.

### 3. Stratégies pour trier efficacement :

Voici quelques conseils pratiques pour simplifier le tri des articles :

- **Créez une zone de tri** : Aménagez un espace où vous pouvez facilement séparer les articles en fonction de leur état. Utilisez des bacs ou des étagères pour chaque catégorie.
- **Évaluez rapidement** : Lors du tri, ne passez pas trop de temps sur chaque article. Faites une évaluation rapide en fonction de son état général et de son potentiel de réparation.
- **Priorisez les réparations simples** : Si un article nécessite une réparation mineure qui peut être effectuée rapidement et à faible coût, faites-le immédiatement pour pouvoir le mettre en vente rapidement.
- **Mettez en avant les articles prêts à revendre** : Les articles qui ne nécessitent aucune réparation ou nettoyage peuvent être mis en vente en priorité pour commencer à générer des bénéfices.

### Conclusion

Un tri efficace permet de maximiser le potentiel de chaque article récupéré tout en minimisant les coûts et le temps de travail. En séparant les articles en **prêts à revendre**, **réparables**, et **invendables**, vous pouvez vous concentrer sur les articles les plus rentables et réparer ou nettoyer ceux qui peuvent être améliorés. Cette méthode garantit une gestion optimale des produits, ce qui vous permet de vendre rapidement et efficacement tout en maximisant vos marges.

3. **Évaluer la valeur des articles :**
    - Utiliser des outils comme eBay, Amazon, ou Vinted pour estimer leur prix de revente.
    - Savoir quand fixer un prix ferme ou laisser une négociation ouverte.

L'évaluation correcte de la valeur des articles est essentielle pour réussir dans la revente de colis récupérés. En connaissant la valeur marchande des produits, vous pouvez fixer un prix compétitif qui maximisera vos bénéfices tout en évitant de surévaluer ou sous-évaluer vos articles. Voici comment vous pouvez procéder pour évaluer la valeur des articles et décider de la stratégie de prix à adopter :

### 1. Utiliser des outils de recherche de prix :

Les plateformes en ligne comme **eBay**, **Amazon**, ou **Vinted** offrent des informations précieuses sur les prix actuels et les tendances du marché. Voici comment les utiliser pour estimer la valeur de vos articles :

**a. eBay**

- **Rechercher des ventes passées** : Sur eBay, vous pouvez consulter les **ventes terminées** pour voir combien des articles similaires ont été vendus. Cela vous donne une idée de la valeur actuelle du produit.
- **Utiliser le filtre "Ventes terminées"** : Après avoir recherché un produit, activez le filtre "Ventes terminées" pour connaître le prix de vente final des articles similaires.
- **Vérifier l'état de l'article** : Comparez l'état de l'article

avec le vôtre (neuf, usagé, comme neuf, etc.), car cela influencera son prix.

### b. Amazon

- **Prix des articles neufs et reconditionnés** : Amazon vous montre généralement les prix des produits neufs et, dans certains cas, des produits reconditionnés ou d'occasion. Vous pouvez comparer ces prix avec l'état de vos articles pour ajuster votre estimation.
- **Comparer avec les produits de même catégorie** : Si vous ne trouvez pas exactement le même modèle, recherchez des produits similaires pour estimer la fourchette de prix.

### c. Vinted

- **Comparer les prix sur Vinted** : Cette plateforme est idéale pour les vêtements, les accessoires, et certains objets de collection. Consultez les prix des articles similaires en fonction de leur état, leur marque et leur popularité.
- **Voir les tendances** : Vinted vous permet de voir combien de temps un article reste en ligne avant d'être vendu, ce qui vous aide à évaluer la demande pour certains produits.

### d. Autres sources

- **Google Shopping** : Vous pouvez également utiliser Google Shopping pour comparer les prix en ligne de vos articles. Tapez simplement le nom de l'article pour obtenir une gamme de prix issus de plusieurs sites.
- **Sites spécialisés** : Pour des objets de collection, des meubles ou des articles vintage, des sites spécialisés peuvent fournir des informations de marché précieuses sur leur valeur.

## 2. Analyser les facteurs influençant le prix :

Plusieurs éléments doivent être pris en compte pour évaluer la valeur des articles :

### a. Marque et popularité

Les produits de marques reconnues ou populaires se vendent généralement à des prix plus élevés que les produits de marques génériques. L'attrait de la marque peut aussi influencer la demande. Par exemple, un smartphone Apple ou un sac Louis Vuitton aura une valeur de revente bien supérieure à un produit générique similaire.

### b. État de l'article

- **Neuf** : Les articles neufs ou en parfait état se vendent plus cher que les articles d'occasion.
- **Occasion** : Si l'article est d'occasion, son prix dépendra de son état (comme neuf, légèrement usagé, usé, etc.). Vérifiez les signes d'usure et ajustez le prix en conséquence.
- **Reconditionné** : Pour les articles électroniques ou autres produits, s'ils sont reconditionnés (mais fonctionnels et remis à neuf), vous pouvez vendre à un prix inférieur au neuf, mais supérieur à un article usagé.

### c. Rareté et demande

Les articles rares ou saisonniers peuvent justifier un prix plus élevé, surtout si la demande est forte. Par exemple, des éditions limitées ou des objets de collection peuvent voir leur prix augmenter en fonction de leur rareté.

### d. Accessoires ou compléments

Si un article est accompagné de ses accessoires d'origine (boîte, câbles, manuels, etc.), cela peut augmenter sa valeur de revente. Les articles complets se vendent généralement mieux que ceux manquant des pièces essentielles.

### e. Concurrence sur le marché

Examinez le nombre d'annonces pour des articles similaires sur les plateformes de vente. Si vous avez peu de concurrence, vous pouvez fixer un prix plus élevé. En revanche, si le marché est saturé, vous devrez peut-être ajuster votre prix pour attirer les acheteurs.

### 3. Fixer un prix : ferme ou négociable ?

La stratégie de prix dépend de plusieurs facteurs, et il est important de savoir quand fixer un prix ferme et quand laisser une marge de négociation.

**a. Fixer un prix ferme :**
Un prix ferme est souvent recommandé lorsque :

- **L'article est en excellent état** et peut être vendu rapidement.
- Vous avez **fait des recherches approfondies** et connaissez bien la valeur de l'article.
- L'article est très demandé ou rare et vous ne souhaitez pas négocier.

**b. Laisser une négociation ouverte :**
Laisser une marge de négociation est parfois une bonne idée lorsque :

- **L'état de l'article n'est pas parfait**, mais il peut encore intéresser certains acheteurs.
- L'article est de **moins bonne qualité ou générique**, et les acheteurs peuvent être plus enclins à négocier.
- Vous souhaitez **attirer plus d'acheteurs** en proposant un prix légèrement plus élevé tout en étant flexible.
- Vous voulez **vendre plus rapidement**, en permettant aux acheteurs de faire une offre.

### 4. Conseils supplémentaires :

- **Fixer un prix légèrement plus élevé** que ce que vous souhaitez réellement obtenir, en laissant de la place pour la négociation. Cela permet aux acheteurs de sentir qu'ils

ont fait une bonne affaire.
- **Suivi des tendances du marché** : Les prix peuvent fluctuer en fonction des saisons, des tendances et de la demande. Restez attentif à l'évolution des prix pour ajuster votre stratégie si nécessaire.
- **Testez différents prix** : Si un article ne se vend pas après un certain temps, essayez de réduire le prix ou d'ajuster vos conditions de vente (expédition gratuite, retours acceptés, etc.).

## Conclusion

Évaluer la valeur des articles est une étape cruciale pour déterminer leur prix de revente. Utilisez des outils comme eBay, Amazon, et Vinted pour avoir une idée précise des prix du marché. Ensuite, tenez compte de l'état de l'article, de la demande et de la concurrence pour fixer un prix juste et compétitif. Savoir quand fixer un prix ferme et quand laisser une négociation ouverte peut également influencer vos chances de vendre rapidement et à un bon prix.

### Chapitre 4 : Les stratégies de revente efficaces

1. **Choisir les bonnes plateformes de revente :**
   - Les meilleurs sites pour chaque type de produit (eBay, Le Bon Coin, Vinted, Facebook Marketplace, etc.).
   - L'avantage des boutiques physiques ou des marchés locaux.

Choisir les bonnes plateformes de revente est essentiel pour maximiser vos chances de vendre rapidement et au meilleur prix. Selon le type d'article, certaines plateformes en ligne ou magasins physiques seront plus adaptées que d'autres. Voici un guide pour vous aider à choisir les meilleures options de revente en fonction du type de produit, ainsi que les avantages des boutiques physiques ou des marchés locaux.

### 1. Les meilleurs sites pour chaque type de produit

**a. eBay**

**Type de produits recommandés :** Produits électroniques, objets de collection, articles rares, objets de valeur, vêtements de marque.

- **Avantages** :
    - **Large audience internationale** : eBay permet d'atteindre une vaste clientèle dans le monde entier, ce qui est idéal pour des articles spécifiques ou des objets rares.
    - **Enchères et vente directe** : eBay propose des enchères, ce qui peut attirer plus de personnes et augmenter le prix final si la demande est forte.
    - **Protection de l'acheteur et du vendeur** : eBay offre des garanties qui sécurisent les transactions.
- **Conseils** : Les articles électroniques, les gadgets, et les produits de collection se vendent très bien sur eBay, surtout si vous avez des objets rares ou de seconde main en bon état. Vérifiez les tendances de vente des produits similaires avant de les mettre en ligne.

**b. Le Bon Coin**

**Type de produits recommandés** : Meubles, objets de maison, appareils électroménagers, articles de jardin, véhicules, vêtements.

- **Avantages** :
    - **Marché local** : Idéal pour vendre rapidement à proximité, en particulier pour des produits volumineux ou encombrants comme les meubles, les électroménagers, ou les vélos.
    - **Gratuit** : La publication des annonces est

gratuite (environ 50€ pour les annonces sur les catégories spécifiques comme les voitures ou les biens immobiliers).
- **Transactions en personne** : Le Bon Coin permet souvent de rencontrer l'acheteur directement et de conclure la vente en cash, sans frais d'envoi.
- **Conseils** : Pour des objets volumineux ou difficiles à expédier, Le Bon Coin est parfait. Il est également adapté aux ventes locales où la transaction peut se faire en personne, ce qui réduit les coûts et les complications.

### c. Vinted

**Type de produits recommandés** : Vêtements, accessoires, chaussures, sacs à main, bijoux, articles de mode.

- **Avantages** :
  - **Communauté axée sur la mode** : Vinted est particulièrement populaire pour la vente de vêtements et accessoires, y compris les articles d'occasion et vintage.
  - **Système de paiement sécurisé** : La plateforme protège à la fois les acheteurs et les vendeurs, avec un paiement sécurisé avant l'envoi de l'article.
  - **Facilité de mise en vente** : Le processus de mise en vente est simple et rapide, avec une interface intuitive.
- **Conseils** : Vinted est idéale pour revendre des vêtements en bon état ou de marque, surtout si ce sont des articles tendance ou vintage. Le système de messagerie et la facilité de publication attirent une communauté fidèle d'acheteurs à la recherche de bonnes affaires.

### d. Facebook Marketplace

**Type de produits recommandés** : Meubles, objets de décoration, petits appareils électroménagers, vêtements, accessoires, objets divers.

- **Avantages** :
    - **Vente locale et sans frais** : Comme Le Bon Coin, Facebook Marketplace est une excellente option pour vendre localement sans frais de mise en vente. Il permet des rencontres en personne pour la remise en main propre.
    - **Audience ciblée** : Les annonces sont montrées aux personnes de votre réseau et dans votre région, ce qui augmente les chances de vendre rapidement.
    - **Facilité d'utilisation** : Vous pouvez facilement télécharger des photos et fixer un prix, puis discuter directement avec les acheteurs via Messenger.
- **Conseils** : Idéal pour les articles de toutes sortes que vous souhaitez vendre rapidement à des acheteurs locaux, en particulier pour des objets encombrants ou à faible coût. Si vous avez des produits populaires dans votre région (meubles, vélos, articles saisonniers), Facebook Marketplace est une bonne option.

### e. Etsy

**Type de produits recommandés :** Objets faits main, vintage, créatifs, bijoux, accessoires personnalisés.

- **Avantages** :
    - **Marché de niche** : Etsy est le site idéal pour les articles faits main, artisanaux ou vintage. Il attire des acheteurs à la recherche de produits uniques.
    - **Frais de transaction et de mise en ligne faibles** : Etsy propose un système de frais raisonnables par vente, avec une faible commission sur chaque produit vendu.
- **Conseils** : Si vous vendez des objets faits main ou vintage (moins de 20 ans), Etsy est la plateforme à privilégier.

Il est également adapté aux créateurs et artisans qui veulent vendre leurs produits en ligne.

### f. Amazon

**Type de produits recommandés** : Produits neufs ou reconditionnés (principalement électroniques, jeux vidéo, livres, articles de maison).

- **Avantages** :
  - **Large audience internationale** : Amazon est l'un des plus grands marchés en ligne, idéal pour vendre des articles neufs ou reconditionnés à une vaste clientèle.
  - **Plateforme de confiance** : Les acheteurs font souvent plus confiance à Amazon, ce qui peut augmenter la probabilité de vente, surtout pour les produits populaires.
  - **Logistique simplifiée** : Amazon propose un service "Fulfillment by Amazon" (FBA) qui gère la livraison, le stockage et le service client.
- **Conseils** : Si vous avez des produits neufs ou de haute qualité, Amazon est une excellente option. Pour les produits électroniques ou les livres, cette plateforme peut être particulièrement bénéfique.

## 2. L'avantage des boutiques physiques ou des marchés locaux

Les **boutiques physiques** et les **marchés locaux** peuvent offrir des avantages uniques par rapport aux plateformes en ligne. Voici quelques raisons pour lesquelles vous pourriez préférer vendre en personne ou via des canaux physiques :

### a. Vente immédiate

- **Pas de délai de vente** : Lors de la vente dans des magasins de surplus, des brocantes ou des marchés locaux, vous pouvez conclure la vente immédiatement, sans attendre qu'un acheteur trouve votre annonce en

ligne.
- **Paiement instantané** : Vous êtes payé directement, en espèces ou par un autre moyen de paiement instantané, ce qui est plus rapide que de devoir attendre un paiement en ligne.

### b. Moins de frais
- **Pas de commission** : Les ventes en personne dans des magasins ou des marchés locaux peuvent ne pas inclure de commissions ou de frais de transaction, ce qui vous permet de garder l'intégralité du prix de vente.
- **Pas de frais d'envoi** : En évitant l'expédition, vous économisez sur les coûts d'emballage, de transport, et d'éventuels retours.

### c. Accès direct à des acheteurs locaux
- **Publicité ciblée** : Vous atteignez directement les personnes intéressées par vos articles dans votre région, souvent plus enclines à acheter localement.
- **Vente de produits encombrants** : Les meubles, les équipements de jardin ou autres objets volumineux se vendent généralement mieux lors d'une vente physique, car l'acheteur peut voir et toucher l'article avant d'acheter.

### d. Marchés locaux et brocantes
Les **marchés locaux** et les **brocantes** sont de bonnes options pour vendre des articles qui ne nécessitent pas une plateforme en ligne spécifique. Ces événements offrent une visibilité immédiate, et vous pouvez souvent négocier avec les acheteurs en temps réel. Vous pouvez aussi y trouver des acheteurs à la recherche de bonnes affaires.

## Conclusion

Le choix de la plateforme de revente dépend largement du type de produit que vous souhaitez vendre et de votre stratégie de vente. **eBay**, **Vinted**, **Le Bon Coin**, **Facebook Marketplace**, et **Etsy** sont des options en ligne adaptées à différents types de produits, tandis que les **boutiques physiques** et les **marchés locaux** offrent des avantages en termes de vente immédiate, de moins de frais et d'interaction directe avec les acheteurs. En fonction de vos objectifs (rapidité de vente, prix de vente, frais de plateforme, etc.), vous pourrez sélectionner la meilleure option pour chaque produit.

2. **Créer des annonces attractives :**
   - Rédiger des descriptions précises et engageantes.
   - Ajouter des photos de qualité pour attirer les acheteurs.

Créer une annonce efficace et attrayante est essentiel pour attirer les acheteurs et augmenter vos chances de vente. Voici quelques conseils pour rédiger des descriptions percutantes et ajouter des photos de qualité.

## a. Rédiger des descriptions précises et engageantes

**1. Soyez clair et précis**

- **Mentionnez les détails clés** : Pour chaque produit, incluez des informations essentielles comme la marque, la taille, la couleur, le modèle, et l'état de l'article (neuf, comme neuf, d'occasion, etc.).
- **Mentionnez les défauts ou imperfections** : Soyez transparent en indiquant les éventuels défauts, rayures ou usures. Cela établit une relation de confiance avec l'acheteur potentiel.
- **Ajoutez des dimensions ou spécifications techniques** : Pour des produits comme des meubles ou des appareils électroniques, indiquez les dimensions, le poids, ou les caractéristiques techniques.

**Exemple :**
"Canapé en tissu gris clair, 3 places, dimensions : 200 x 90 x 90 cm, avec coussins assortis. Léger signe d'usure sur l'un des accoudoirs, mais dans un bon état général. Non fumeur, sans animaux."

## 2. Rédigez un titre accrocheur

- **Soyez spécifique et descriptif** : Le titre doit être clair, mais aussi inclure des mots-clés qui aideront l'acheteur à trouver votre annonce rapidement.
- **Incluez la marque, le modèle, et l'état de l'article** : Par exemple, au lieu de simplement "Chaise", vous pouvez écrire "Chaise ergonomique en cuir Noir, presque neuve – Marque X".

**Exemple de titre accrocheur :**
"Smartphone iPhone 13 Pro 128 Go, excellent état, avec boîte et accessoires".

## 3. Mettez en avant les avantages

- **Soulignez les avantages du produit** : Expliquez pourquoi votre article est un bon choix. Par exemple, si vous vendez un produit électronique, mentionnez ses fonctionnalités uniques, sa durabilité, ou la garantie restante.
- **Faites ressortir la valeur ajoutée** : Si l'article est rare ou a une histoire intéressante, mentionnez-le dans la description pour capter l'attention des acheteurs.

**Exemple :**
"Montre vintage de collection, achetée il y a 10 ans. Design classique, parfait pour les amateurs d'horlogerie. Livrée avec son certificat d'authenticité."

## 4. Utilisez un langage engageant

- **Rendez la description vivante et positive** : Utilisez un ton amical et enthousiaste. Cela donnera l'impression que vous êtes un vendeur fiable et attentionné.
- **Soyez convaincant sans être trop agressif** : N'essayez pas de trop "vendre", mais plutôt de donner des raisons

concrètes pour lesquelles l'acheteur doit choisir votre produit.

## b. Ajouter des photos de qualité pour attirer les acheteurs

### 1. Utilisez des photos claires et nettes

- **Assurez-vous que les photos sont bien éclairées** : Prenez vos photos dans un endroit bien éclairé, de préférence à la lumière naturelle. Évitez les ombres et les zones trop sombres.
- **Privilégiez un fond neutre** : Un fond simple et propre mettra en valeur votre article et évitera que l'attention soit détournée par des éléments en arrière-plan.
- **Évitez les photos floues ou pixelisées** : Utilisez un appareil photo de bonne qualité (un smartphone moderne suffit généralement), et assurez-vous que les photos soient nettes et bien cadrées.

### 2. Montrez plusieurs angles

- **Prenez des photos sous différents angles** : Montrez votre produit sous plusieurs perspectives (de face, de côté, en détail des parties importantes). Cela permet aux acheteurs de bien visualiser l'article et d'éviter les doutes.
- **Incluez des gros plans des détails importants** : Si vous vendez des articles avec des défauts ou des caractéristiques spéciales, des photos en gros plan peuvent aider à clarifier l'état du produit. Pour les vêtements, par exemple, prenez des photos des étiquettes de taille, des coutures, ou des détails spécifiques comme les motifs.

### 3. Montrez l'article en situation

- **Présentez l'article dans un environnement naturel** : Par exemple, si vous vendez un meuble, montrez-le dans une pièce avec des meubles autour pour donner une idée de son style et de sa taille. Si vous vendez des vêtements, montrez-les portés sur un mannequin ou vous-même pour permettre aux acheteurs de mieux imaginer le produit.

- **Mettez en contexte l'utilisation de l'article** : Pour les appareils électroniques, vous pouvez les allumer ou les tester pour prouver qu'ils fonctionnent correctement.

**4. Ajoutez des photos des défauts, si nécessaire**

- **Transparence sur l'état du produit** : Si l'article présente des défauts visibles (rayures, usure), n'ayez pas peur de les photographier. Cela montre que vous êtes honnête et évite de décevoir les acheteurs avec des surprises. Prenez une photo claire de la zone endommagée et décrivez-la dans votre annonce.

**Exemple** :
"Le canapé présente une petite rayure sur l'accoudoir droit, visible sur la photo ci-dessous, mais elle n'affecte en rien son confort."

**5. Respectez les exigences spécifiques des plateformes**

- **Vérifiez les critères de photo des sites de revente** : Certaines plateformes, comme eBay, Vinted, ou Le Bon Coin, peuvent avoir des critères spécifiques concernant le nombre ou la taille des photos. Assurez-vous de respecter ces critères pour maximiser la visibilité de votre annonce.

---

## Exemple d'annonce complète

**Titre** :
"Chaise de bureau ergonomique, en cuir noir, pratiquement neuve – Marque X, 100€"

**Description** :
"Chaise de bureau ergonomique, modèle haut de gamme de la marque X. Idéale pour un confort optimal pendant les longues

journées de travail. Revêtement en cuir noir de qualité, structure métallique robuste.

- **Dimensions** : 55 x 60 x 120 cm
- **État** : Comme neuve, utilisée seulement 6 mois, sans rayures ni décoloration.
- **Caractéristiques** : réglage en hauteur, accoudoirs ajustables, base pivotante à 360°.

Elle est vendue à 100€, une occasion à ne pas manquer !"

**Photos** :

- Photo 1 : Chaise entière vue de face sur un fond neutre.
- Photo 2 : Photo en gros plan des accoudoirs réglables.
- Photo 3 : Vue latérale montrant la structure métallique et la base pivotante.
- Photo 4 : Gros plan du cuir montrant qu'il est en excellent état.
- Photo 5 : Photo des étiquettes de la marque et des spécifications.

## **Conclusion**

Une annonce bien rédigée et accompagnée de photos de qualité augmente considérablement vos chances de vendre rapidement et à un bon prix. Prenez le temps de rédiger des descriptions complètes et honnêtes, de prendre des photos nettes sous plusieurs angles et de mettre en valeur les aspects uniques de votre produit. Une annonce soignée inspire confiance et attire les acheteurs potentiels.

3. **Fixer ses prix :**
    - Calculer la marge bénéficiaire optimale.
    - Adapter les prix selon les saisons ou les tendances.

Fixer un prix juste et compétitif est crucial pour réussir à vendre vos articles tout en réalisant une marge bénéficiaire satisfaisante. Voici des conseils pour calculer votre marge et adapter vos prix en fonction des saisons ou des tendances.

### a. Calculer la marge bénéficiaire optimale

**1. Estimer les coûts totaux**

Avant de fixer un prix de vente, il est essentiel de connaître tous les coûts associés à l'article. Cela inclut :

- **Le prix d'achat du produit** (si vous avez payé pour le colis, ou s'il s'agit d'un produit d'occasion, le coût que vous avez payé pour le récupérer).
- **Les frais de transport et d'expédition** : Si vous devez expédier l'article, incluez ces coûts dans le calcul du prix.
- **Les frais de vente** : Certaines plateformes, comme eBay, Vinted ou Le Bon Coin, peuvent prélever des commissions sur la vente (par exemple, 10-15% sur eBay). N'oubliez pas d'inclure ces frais dans votre calcul.
- **Les coûts supplémentaires** : Si vous devez nettoyer, réparer ou remettre en état un produit avant de le vendre, ces coûts doivent également être intégrés.

**2. Déterminer la marge bénéficiaire souhaitée**

Une fois que vous avez calculé vos coûts, vous pouvez déterminer la marge bénéficiaire que vous souhaitez obtenir. Une marge bénéficiaire de **20-30%** est généralement recommandée pour des articles de revente. Toutefois, cela peut varier selon les types de produits.

**Exemple de calcul de marge :**

- **Coût d'achat de l'article** : 50€
- **Frais de transport et d'expédition** : 5€
- **Frais de plateforme (10%)** : 5,5€

- **Coût total** : 60,50€
- Si vous voulez une **marge de 30%** :
  60,50€ x 1,30 = **78,65€** (prix de vente conseillé).

Cela vous permet de vendre l'article pour un prix qui couvre vos coûts et vous génère un profit.

### 3. Suivre la concurrence

Il est également important de surveiller les prix pratiqués par vos concurrents sur les mêmes plateformes ou dans des magasins similaires. Cela vous permet de rester compétitif et d'ajuster vos prix en conséquence.

## b. Adapter les prix selon les saisons ou les tendances

### 1. Prendre en compte la saisonnalité des produits

Certains produits sont plus demandés à certaines périodes de l'année, ce qui permet de jouer sur les prix. Voici quelques exemples :

- **Produits de jardinage ou d'extérieur** : Ces produits sont plus demandés au printemps et en été. Vous pouvez les vendre à des prix plus élevés pendant cette période, puis les réduire en hiver lorsque la demande chute.
- **Vêtements d'hiver et accessoires** : Augmentez les prix des manteaux, gants et autres articles d'hiver en automne et hiver, et réduisez-les en début de printemps.
- **Produits électroniques** : De nombreux articles, comme les téléviseurs ou les smartphones, voient leurs prix baisser après la sortie de nouveaux modèles. Si vous vendez des produits électroniques, il est important de suivre les cycles de lancement pour ajuster vos prix.
- **Décorations de Noël ou de fêtes** : Augmentez les prix avant Noël et baissez-les après les fêtes, car la demande est généralement plus forte à l'approche des vacances.

### 2. Suivre les tendances du marché

Les tendances de consommation évoluent rapidement, et il est essentiel de rester à jour sur ce qui est populaire. Par exemple :

- **Vêtements et accessoires** : Si une marque ou un style devient populaire, vous pouvez augmenter le prix des articles qui s'y rapportent. Par exemple, une marque de chaussures de sport qui devient tendance peut voir son prix augmenter si la demande est forte.
- **Technologie** : Les gadgets et appareils high-tech sont souvent influencés par les tendances actuelles. Si un produit devient populaire (par exemple, une console de jeu ou un appareil connecté), vous pouvez ajuster le prix en fonction de la demande.

### 3. Faire des promotions ou des réductions

- **Offrir des réductions saisonnières** : Par exemple, après Noël ou pendant les soldes d'été, vous pouvez offrir une réduction sur des produits qui ne se vendent pas aussi bien, pour libérer de l'espace et attirer plus d'acheteurs.
- **Offrir des prix attractifs pour des lots** : Si vous avez plusieurs articles similaires, proposer un prix réduit pour l'achat d'un lot peut être un bon moyen d'écouler plusieurs produits à la fois tout en maintenant une marge.

## Exemple d'adaptation des prix selon les saisons

Imaginons que vous vendiez des **manteaux d'hiver** :

- **Période d'hiver** (octobre à janvier) : La demande est forte, vous pouvez vendre les manteaux à un prix plus élevé (par exemple, 120€).
- **Période de printemps/été** (mars à septembre) : La demande baisse, vous pourriez réduire le prix à 90€ ou offrir des promotions pour attirer les acheteurs.

## Conclusion

Fixer le bon prix nécessite une bonne gestion des coûts et une adaptation constante aux tendances du marché. Calculez vos marges bénéficiaires en prenant en compte tous les frais associés à la vente, tout en restant attentif aux prix pratiqués par la concurrence. N'oubliez pas de prendre en compte la saisonnalité des produits et d'ajuster vos prix en fonction de la demande ou des tendances actuelles. Une gestion dynamique de vos prix vous permettra de maximiser vos profits tout en restant compétitif.

## Chapitre 5 : Gérer et développer son activité

1. **Optimiser son temps :**
   - Planifier les journées pour maximiser les ventes.
   - Automatiser certaines tâches (suivi des colis, mise en ligne des annonces).

La gestion du temps est essentielle pour réussir à gérer une activité de revente de colis ou d'articles. Pour maximiser vos ventes tout en évitant de vous laisser submerger par les tâches administratives, voici des stratégies pour planifier vos journées efficacement et automatiser certaines tâches.

---

### a. Planifier les journées pour maximiser les ventes

**1. Fixer des objectifs clairs pour chaque journée**

- **Planifiez des plages horaires dédiées à des tâches spécifiques** : Par exemple, bloquez une heure chaque matin pour traiter les commandes et répondre aux messages des acheteurs. Ensuite, allouez un créneau pour la mise en ligne de nouvelles annonces ou pour le traitement de colis.
- **Prévoyez du temps pour l'analyse des ventes** : Réservez une demi-journée chaque semaine pour analyser les

performances des articles, ajuster les prix et décider des produits à mettre en promotion.
- **Utilisez un agenda ou une application de gestion de tâches** : Des outils comme Google Calendar, Todoist ou Trello peuvent vous aider à organiser vos journées et à vous assurer que vous respectez vos priorités.

## 2. Prioriser les tâches en fonction de l'urgence et de l'importance

- **Tâches urgentes** : Par exemple, expédier des colis ou répondre à une question d'un acheteur potentiellement intéressé.
- **Tâches importantes mais non urgentes** : Par exemple, la mise en ligne de nouvelles annonces ou la recherche de nouveaux lots de colis à acheter.
- **Tâches non urgentes et non importantes** : Par exemple, réorganiser l'espace de stockage. Ces tâches peuvent être reportées si vous manquez de temps.

## 3. Concentrer les efforts sur les heures de vente les plus efficaces

- Identifiez les périodes de la journée ou de la semaine où les acheteurs sont les plus actifs (par exemple, en soirée ou le week-end). Planifiez vos mises en ligne ou vos promotions pendant ces périodes pour maximiser vos chances de vente.

## 4. Faire des sessions de travail par blocs

- Divisez vos journées en blocs de 1 à 2 heures où vous vous concentrez intensivement sur des tâches spécifiques, puis accordez-vous une courte pause. Cette méthode, appelée **technique Pomodoro**, permet d'améliorer la productivité en limitant les distractions.

---

### b. Automatiser certaines tâches

## 1. Suivi des colis et gestion des expéditions

- **Outils de suivi automatique** : Utilisez des services

comme Shipup ou AfterShip qui vous permettent de suivre en temps réel l'état des colis envoyés et d'envoyer des notifications automatiques aux acheteurs. Cela réduit le besoin de répondre manuellement aux demandes de suivi.

- **Automatiser les alertes** : Configurez des alertes pour être informé lorsque des colis sont livrés, ce qui vous évite de devoir vérifier constamment l'état des envois.

## 2. Mise en ligne des annonces

- **Outils d'automatisation de publication** : Utilisez des plateformes comme **Sellpy** ou **List Perfectly** pour automatiser la mise en ligne des annonces sur plusieurs plateformes simultanément. Cela vous permet de gagner du temps en évitant de devoir publier manuellement sur chaque site.
- **Recyclage d'annonces** : Utilisez des outils qui vous permettent de réactiver ou de republier automatiquement des annonces qui n'ont pas été vendues après un certain temps. Cela aide à garder vos produits visibles sans que vous ayez à créer de nouvelles annonces à chaque fois.

## 3. Gestion des stocks et des prix

- **Utiliser des logiciels de gestion des stocks** : Des outils comme **TradeGecko** ou **Zoho Inventory** peuvent vous aider à suivre automatiquement votre inventaire et à générer des alertes lorsqu'un produit est en rupture de stock.
- **Automatiser les ajustements de prix** : Certaines plateformes comme **RepricerExpress** peuvent ajuster automatiquement vos prix en fonction des prix de vos concurrents, ce qui vous permet de rester compétitif sans avoir à surveiller constamment les prix des autres vendeurs.

## 4. Gestion des communications avec les clients

- **Réponses automatiques** : Configurez des réponses automatiques pour les demandes fréquentes comme des informations sur les produits, les délais de livraison, ou les retours. Cela peut être configuré sur des plateformes comme **eBay**, **Vinted**, ou **Shopify**.
- **Outils de messagerie automatique** : Utilisez des outils comme **ManyChat** ou **Chatfuel** pour configurer des chatbots qui répondent automatiquement à certaines questions de vos clients sur les plateformes de vente en ligne ou via vos réseaux sociaux.

5. Facturation et comptabilité
- **Logiciels de comptabilité automatique** : Utilisez des outils comme **QuickBooks** ou **Wave** qui génèrent des factures automatiquement lors d'une vente et qui vous permettent de suivre vos revenus et dépenses en temps réel.
- **Calcul automatique des taxes** : Assurez-vous que les taxes de vente soient calculées automatiquement en fonction des règles fiscales locales, ce qui réduit le besoin d'effectuer ces calculs manuellement.

## c. Conseils supplémentaires pour optimiser votre temps

### 1. Externaliser certaines tâches
- Si votre volume de travail devient trop important, envisagez d'externaliser certaines tâches comme la gestion des envois ou le service client via des plateformes comme **Fiverr** ou **Upwork**. Vous pouvez aussi utiliser des services de stockage et d'expédition comme **Fulfillment by Amazon (FBA)** pour déléguer la gestion des stocks et des expéditions.

### 2. Utiliser des outils de gestion de tâches en équipe
- Si vous travaillez avec d'autres personnes ou des

partenaires pour gérer vos ventes, utilisez des outils collaboratifs comme **Asana**, **Trello** ou **Monday.com** pour suivre les tâches et partager des informations en temps réel.

**3. Analyser régulièrement votre efficacité**
- Prenez un moment chaque mois pour analyser vos processus et voir où vous pouvez encore gagner du temps. Parfois, il suffit de modifier un petit aspect de votre flux de travail pour augmenter considérablement votre productivité.

## Conclusion

Optimiser votre temps dans le cadre de la revente de colis ou d'articles nécessite une planification minutieuse et l'utilisation d'outils d'automatisation efficaces. En organisant vos journées de manière stratégique, en automatisant des tâches comme la mise en ligne des annonces et le suivi des colis, et en déléguant certaines responsabilités, vous pouvez augmenter votre productivité, réduire le stress, et maximiser vos ventes. L'important est de constamment revoir vos processus pour améliorer l'efficacité de vos opérations.

2. **<u>Créer une clientèle fidèle :</u>**
   - <u>Offrir un service client irréprochable.</u>
   - <u>Proposer des promotions ou des offres groupées.</u>

La fidélisation des clients est un élément clé pour réussir dans la revente de colis ou d'articles. Offrir une excellente expérience client et proposer des offres attractives sont deux stratégies essentielles pour encourager les achats répétés et développer une base de clients fidèle. Voici quelques conseils pour bâtir cette fidélité.

### a. Offrir un service client irréprochable

**1. Répondre rapidement aux demandes**
- **Réactivité** : Assurez-vous de répondre rapidement aux messages des clients. Si possible, répondez dans les 24 heures, voire plus rapidement. Les clients apprécient un service réactif, surtout lorsqu'ils ont des questions sur un produit ou une commande.
- **Disponibilité** : Si vous êtes présent sur plusieurs plateformes (eBay, Vinted, Facebook Marketplace, etc.), veillez à vérifier régulièrement vos messages. Utilisez des alertes pour ne jamais manquer une question importante.

**2. Être transparent et honnête**
- **Description des produits** : Soyez précis et honnête dans vos descriptions de produits. Si un article présente des défauts, mentionnez-le clairement afin d'éviter toute déception. Les clients apprécient la transparence, et cela renforce la confiance.
- **Mises à jour sur les commandes** : Informez vos clients sur l'état de leurs commandes (envoi, livraison, etc.). Cela réduit l'anxiété et montre que vous êtes fiable.
- **Problèmes et retours** : Si un client rencontre un problème avec un article, résolvez-le rapidement et de manière courtoise. Offrir une politique de retour simple et transparente peut renforcer la fidélité des clients.

**3. Personnaliser l'expérience client**
- **Messages personnalisés** : Envoyez des messages de remerciement après une vente ou un achat. Vous pouvez aussi demander un retour sur l'expérience d'achat pour montrer que vous vous souciez de l'avis du client.
- **Suivi après-vente** : Après l'envoi d'un colis, prenez quelques minutes pour suivre la satisfaction de

vos clients. Un message comme "J'espère que votre commande est arrivée en bon état et que vous en êtes satisfait !" peut renforcer les relations et encourager les avis positifs.

4. **Créer un environnement de confiance**
   - **Avis et évaluations** : Encouragez vos clients à laisser des avis sur leurs achats. Les avis positifs renforcent la crédibilité de votre activité et rassurent les nouveaux clients. Assurez-vous d'encourager des évaluations honnêtes et répondez toujours de manière professionnelle aux critiques.
   - **Sécuriser les paiements** : Utilisez des plateformes fiables qui offrent des garanties de paiement, afin de rassurer les clients sur la sécurité de leurs transactions.

## b. Proposer des promotions ou des offres groupées

### 1. Offrir des réductions pour les achats multiples
   - **Offres groupées** : Proposez des remises sur des lots ou des packs d'articles. Par exemple, si vous vendez des vêtements, proposez un lot de trois articles à prix réduit. Cela incite les clients à acheter plus d'articles et peut augmenter le montant de chaque commande.
   - **Remises sur le second achat** : Proposez une remise pour un futur achat, comme "10% de réduction sur votre prochaine commande". Cela incite les clients à revenir.
   - **Offres saisonnières** : Profitez des périodes de fêtes ou des soldes pour offrir des promotions spéciales. Par exemple, des réductions pour Noël, la rentrée, ou les soldes d'été peuvent attirer plus de clients.

### 2. Offrir des promotions exclusives aux clients fidèles
   - **Programmes de fidélité** : Si vous avez une base de clients réguliers, proposez un programme de fidélité où les

clients accumulent des points à chaque achat et peuvent les échanger contre des réductions ou des produits gratuits.
- **Ventes privées ou offres spéciales** : Offrez des réductions ou des ventes privées à vos clients les plus fidèles, comme un accès anticipé aux promotions ou une offre réservée aux abonnés de votre newsletter.
- **Coupons ou codes promo** : Fournissez des codes de réduction à vos clients après leur achat, qu'ils pourront utiliser pour une prochaine commande. Cela peut être un excellent moyen d'encourager les achats répétés.

### 3. Proposer des promotions limitées dans le temps
- **Offres à durée limitée** : Les promotions limitées (par exemple, "50% de réduction ce week-end uniquement") créent un sentiment d'urgence qui pousse les clients à acheter rapidement pour ne pas manquer l'offre.
- **Flash sales ou ventes éclair** : Organisez des ventes flash sur des produits spécifiques ou pendant des périodes creuses pour attirer l'attention sur des articles qui se vendent moins bien ou pour vider des stocks.

### 4. Offrir des cadeaux ou des échantillons
- **Cadeaux avec achat** : Offrir un petit cadeau avec un achat peut créer une expérience positive et inciter les clients à revenir. Par exemple, si un client achète un vêtement, incluez un petit accessoire ou un échantillon gratuit.
- **Échantillons de nouveaux produits** : Si vous avez de nouveaux produits à tester, proposez-les gratuitement ou à prix réduit à vos clients fidèles, afin de stimuler l'intérêt et encourager l'achat.

## c. Créer un sentiment de communauté et d'appartenance

1. **Engager les clients sur les réseaux sociaux**
   - **Créez une communauté** autour de votre activité. Par exemple, créez une page ou un groupe sur Facebook ou Instagram où vos clients peuvent partager leurs expériences et poser des questions. L'interaction régulière sur les réseaux sociaux peut renforcer la fidélité.
   - **Partager du contenu intéressant** : Proposez du contenu qui intéresse vos clients, comme des conseils, des astuces de revente ou des exclusivités sur les produits à venir.
2. **Offrir des services personnalisés**
   - Si possible, offrez des conseils personnalisés à vos clients réguliers. Par exemple, si vous vendez des articles électroniques, proposez des conseils sur les meilleures utilisations de ces produits en fonction de leurs besoins.

## Conclusion

Créer une clientèle fidèle nécessite un service client exceptionnel et des offres attractives. En répondant rapidement et de manière transparente aux demandes des clients, en offrant des promotions ou des offres groupées, et en renforçant les relations avec vos clients réguliers, vous pouvez bâtir une base solide de clients fidèles. Une expérience client positive incite non seulement à l'achat répété, mais encourage également les recommandations et le bouche-à-oreille, qui sont des leviers puissants pour la croissance de votre activité.

3. **<u>Investir pour grandir :</u>**
   - <u>Réinvestir les bénéfices dans des palettes plus grandes ou plus lucratives.</u>
   - <u>Diversifier les produits proposés.</u>

Pour faire évoluer votre activité de revente de colis et d'articles, il est essentiel d'investir stratégiquement afin de maximiser vos bénéfices. Réinvestir dans de plus gros lots et diversifier votre offre sont deux approches clés pour accroître votre rentabilité et développer votre activité sur le long terme.

### a. Réinvestir les bénéfices dans des palettes plus grandes ou plus lucratives

**1. Acheter des palettes plus volumineuses**

- **Élargir votre inventaire** : Une fois que vous avez généré des bénéfices avec vos premières reventes, l'une des premières étapes pour grandir est d'acheter des palettes plus grandes, ce qui vous permettra d'augmenter le volume de vos ventes. Cela peut inclure l'achat de palettes comprenant une plus grande variété d'articles ou de palettes spéciales à fort potentiel de rentabilité.
- **Exemples de palettes plus lucratives** : Vous pouvez rechercher des palettes contenant des produits électroniques, des articles de marque, ou des objets à forte demande saisonnière. Ces palettes ont souvent une valeur marchande plus élevée, mais aussi un coût d'achat plus important. Il est donc crucial de bien estimer les marges avant d'investir.

**2. Analyser la rentabilité des lots**

- **Investir dans des lots avec un potentiel de profit plus élevé** : Par exemple, si vous avez vendu des articles de mode ou de maison à petit prix, envisagez d'investir dans des palettes électroniques ou des articles premium. Bien que le coût initial soit plus élevé, les marges bénéficiaires peuvent être beaucoup plus importantes.
- **Diversifier les sources d'approvisionnement** : Envisagez d'acheter des palettes auprès de différents fournisseurs (plateformes de liquidation, ventes aux

enchères, retours clients, etc.) afin d'avoir une meilleure idée des produits qui se vendent le mieux dans votre créneau. Parfois, un fournisseur peut offrir de meilleures marges ou des lots plus attrayants.

### 3. Améliorer la gestion des stocks

- **Stockage et logistique** : Si vous réinvestissez dans des lots plus volumineux, vous devrez aussi investir dans une logistique plus efficace. Pensez à améliorer votre système de stockage pour éviter les problèmes de gestion des stocks. Un espace de stockage bien organisé permet de gérer un volume plus important d'articles tout en gardant une vue d'ensemble claire sur les produits disponibles.
- **Optimiser les coûts de transport** : Lorsque vous achetez des palettes plus grandes, les frais de transport peuvent être plus élevés. Veillez à négocier avec les transporteurs ou à trouver des solutions de transport plus économiques. Cela peut être un facteur décisif dans la rentabilité de votre investissement.

## b. Diversifier les produits proposés

### 1. Élargir la gamme de produits

- **Ajouter des catégories de produits** : Ne vous limitez pas à un seul type de produit. Par exemple, si vous commencez avec des vêtements ou des accessoires, pensez à inclure des produits électroniques, des jouets, des articles pour la maison, ou des équipements de sport. Cela vous permet d'atteindre un public plus large et de profiter de différentes tendances de consommation.
- **Proposer des produits saisonniers** : Pour maximiser les ventes, pensez à diversifier votre inventaire avec des produits saisonniers. Par exemple, des articles de Noël

en fin d'année, des équipements pour l'été (maillots de bain, parasols), ou des articles liés à des événements particuliers (festivals, fêtes locales). Ces produits ont souvent une forte demande à certaines périodes, et leur vente peut offrir de bonnes marges bénéficiaires.

## 2. Tirer parti des tendances du marché

- **Suivre les tendances populaires** : Restez à l'écoute des tendances du marché, que ce soit via les réseaux sociaux, les blogs, ou les plateformes de vente. Par exemple, l'intérêt pour les produits écologiques et durables a connu une hausse ces dernières années. Si vous avez des opportunités d'acheter des produits dans cette niche, cela peut être un bon moyen de diversifier votre offre tout en répondant à la demande croissante.
- **Investir dans des niches spécifiques** : Plutôt que de vendre des produits génériques, ciblez des niches spécifiques qui sont moins saturées et où les clients sont prêts à payer plus pour des produits uniques. Par exemple, des produits vintage, des objets de collection, ou des articles spécialisés peuvent attirer un public fidèle et passionné.

## 3. Proposer des services complémentaires

- **Service de réparation ou de customisation** : Si vous vendez des articles nécessitant des réparations légères ou des modifications, comme des vêtements ou des meubles, vous pouvez ajouter un service complémentaire de réparation ou de customisation. Cela ajoute une valeur supplémentaire à votre offre et peut encourager les clients à acheter chez vous plutôt que chez un concurrent.
- **Création de kits ou de bundles** : En plus de vendre des produits individuels, vous pouvez proposer des bundles ou des kits contenant plusieurs articles complémentaires. Par exemple, un kit de photographie

avec un appareil photo, un trépied et des accessoires, ou un kit de jardinage avec des outils et des graines. Ce type de proposition peut attirer les clients qui cherchent des solutions complètes à un prix avantageux.

**4. Explorer les canaux de distribution diversifiés**

- **Vente sur plusieurs plateformes** : En plus de vendre sur des sites comme eBay, Vinted, ou Le Bon Coin, explorez d'autres canaux de distribution comme des marketplaces spécialisées ou même la vente en gros à d'autres revendeurs. Cela peut vous permettre d'écouler une plus grande quantité de produits.
- **Boutique en ligne** : Si vous avez un volume d'affaires suffisant, la création de votre propre site e-commerce (sur Shopify, WooCommerce, etc.) peut être une manière d'atteindre de nouveaux clients et de mieux contrôler vos ventes.

## Conclusion

Réinvestir les bénéfices dans des palettes plus grandes ou plus lucratives et diversifier les produits proposés sont des stratégies clés pour développer votre activité. Cela vous permet d'élargir votre offre, de maximiser vos marges bénéficiaires, et d'attirer un public plus large. Cependant, ces investissements doivent être faits de manière stratégique, en fonction de l'analyse de rentabilité et des tendances du marché. Une diversification bien pensée et un réinvestissement efficace sont des leviers puissants pour faire croître votre activité de revente à long terme.

### Chapitre 6 : Les astuces et pièges à éviter

1. **Astuces pour maximiser ses gains :**
   - Repérer les produits tendance avant la concurrence.

- Acheter en fin de saison pour revendre plus tard à un prix plus élevé.

Maximiser ses gains dans la revente de colis ou d'articles nécessite une approche stratégique et proactive. Repérer les produits tendance avant la concurrence et acheter en fin de saison pour revendre à un prix plus élevé sont deux astuces clés pour optimiser votre rentabilité. Voici comment les mettre en œuvre efficacement.

## a. Repérer les produits tendance avant la concurrence

**1. Surveiller les tendances du marché**

- **Utiliser les outils de recherche de tendances** : Des outils comme Google Trends, TrendHunter, ou même des plateformes comme Pinterest et Instagram peuvent vous aider à repérer les produits qui commencent à émerger sur le marché. Ces outils permettent de suivre l'évolution des intérêts des consommateurs sur une période donnée et d'identifier les produits populaires avant qu'ils ne deviennent mainstream.
- **Suivre les influenceurs et les blogs** : Restez connecté aux tendances via les influenceurs des réseaux sociaux, ainsi que les blogs spécialisés dans les produits que vous vendez. Ils souvent parlent de nouveaux produits ou de nouvelles marques avant qu'elles ne prennent de l'ampleur. L'identification précoce de ces tendances vous permettra d'acheter et de revendre ces articles avant qu'ils ne deviennent largement recherchés.
- **Analyser les plateformes de vente en ligne** : Surveillez les sites comme eBay, Amazon ou Vinted pour identifier quels types d'articles sont en forte demande. Utilisez les filtres pour consulter les produits les plus recherchés dans une catégorie spécifique. Cela vous donnera une idée des produits populaires que vous pouvez acheter et

revendre rapidement.
- **Participer à des forums ou groupes de discussion** : Rejoindre des communautés en ligne dédiées aux produits que vous vendez (groupes Facebook, Reddit, forums spécialisés) peut être une excellente manière d'identifier de nouvelles tendances avant qu'elles ne deviennent courantes. Les discussions sur les nouveautés et les produits à venir peuvent vous fournir des indices précieux.

## 2. Anticiper les besoins saisonniers ou événementiels

- **Événements à venir** : Parfois, certains produits connaissent une demande accrue en raison d'événements spéciaux, comme des festivals, des concours, ou des sorties de films populaires. Par exemple, si un film très attendu sort en salle, les produits dérivés (figurines, vêtements, accessoires) peuvent rapidement devenir très demandés. Être capable d'identifier ces moments vous permet d'acheter les bons articles avant que la demande explose.
- **Prendre en compte les changements de mode** : Dans des secteurs comme la mode, l'électronique ou les accessoires, les tendances évoluent rapidement. Si vous pouvez repérer les styles populaires avant qu'ils ne soient largement adoptés, vous pourrez acheter en avance des articles qui se vendront à un prix plus élevé une fois qu'ils seront populaires.

## 3. Surveiller les liquidations et promotions

- **Soldes et liquidations** : Profitez des promotions spéciales, comme les liquidations ou les soldes de fin d'année, pour acheter des produits tendance avant qu'ils ne soient complètement épuisés. Ces périodes sont parfaites pour acheter à prix réduit des produits qui seront en forte demande quelques mois plus tard.
- **Programmes de prévente ou lancement** : Certaines

marques ou distributeurs proposent des préventes ou des lancements exclusifs. Si vous avez un bon réseau d'approvisionnement ou êtes inscrit sur des plateformes spéciales, vous pourriez avoir accès à des produits tendance avant tout le monde, ce qui vous permet de les revendre à un prix plus élevé une fois qu'ils arrivent en grande distribution.

## b. Acheter en fin de saison pour revendre plus tard à un prix plus élevé

### 1. Profiter des fins de saison pour des produits saisonniers

- **Vêtements et accessoires** : En fin de saison (comme après l'hiver ou l'été), les détaillants bradent souvent leurs stocks pour écouler les articles restants. Acheter des vêtements d'hiver à prix réduit en fin de saison pour les revendre au début de l'hiver suivant est une stratégie éprouvée pour faire des bénéfices.
- **Articles de décoration saisonnière** : Les décorations de Noël, d'Halloween ou de Pâques sont souvent mises en solde après la saison. Acheter ces articles en fin de saison et les stocker pour l'année suivante permet de les revendre à un prix beaucoup plus élevé lorsque la demande est à son apogée.
- **Équipements de sport saisonniers** : Les articles de sport (comme les vêtements de ski, les planches de surf, etc.) connaissent des baisses de prix en fin de saison. Si vous anticipez la demande pour la prochaine saison, vous pouvez acheter ces articles en solde et les revendre à leur prix habituel au début de la nouvelle saison.

### 2. Acheter des produits en excédent pendant les périodes de soldes

- **Soldes de fin de saison** : Lorsque des marques ou des distributeurs réalisent des soldes de fin de saison

pour se débarrasser de leur inventaire excédentaire, vous pouvez en profiter pour acheter des produits en grandes quantités à bas prix. Ces produits peuvent ensuite être stockés et revendus au prix plein lors de la prochaine saison, vous permettant de réaliser une marge importante.
- **Achats de stocks en liquidation** : Les entreprises en liquidation ou les fins de stocks peuvent vous offrir la possibilité d'acheter des produits à des prix très bas. Vous pouvez trouver des articles populaires à des prix cassés, que vous pourrez revendre pendant des périodes de forte demande, comme les fêtes de fin d'année, les soldes d'été, ou d'autres événements promotionnels.

**3. Cibler les périodes de déstockage des grandes surfaces**
- **Ventes de déstockage** : Certaines grandes surfaces ou enseignes de distribution (comme les grandes surfaces de bricolage ou les magasins d'électronique) organisent des ventes de déstockage après des périodes de surstockage. Ces ventes peuvent être une excellente occasion d'acheter des produits populaires à bas prix et de les revendre à un prix plus élevé quelques mois plus tard.
- **Achat en gros** : Acheter des produits en gros à des prix réduits pendant ces périodes vous permet de réaliser des économies substantielles et de revendre les articles à des prix compétitifs, tout en maximisant votre profit.

## Conclusion

Repérer les produits tendance avant la concurrence et acheter en fin de saison sont deux stratégies très efficaces pour maximiser vos gains dans la revente. En restant à l'affût des tendances émergentes et en profitant des périodes de fin de saison pour acheter à prix réduit, vous pouvez non seulement faire des bénéfices immédiats, mais aussi optimiser vos investissements sur le long terme. Ces astuces, associées à une gestion stratégique de votre inventaire et à une bonne anticipation de la demande, vous permettront de vous démarquer sur le marché et de réussir dans la revente de produits.

2. **Les erreurs courantes à éviter :**
    - Acheter des colis sans description claire.
    - Sous-estimer les coûts d'expédition ou de réparation.

Dans le domaine de la revente de colis et d'articles, certaines erreurs peuvent sérieusement affecter vos profits. Il est essentiel de les éviter pour garantir la rentabilité de votre activité. Voici deux erreurs courantes, ainsi que des conseils pour les éviter.

### a. Acheter des colis sans description claire

**1. Problème de visibilité sur le contenu des colis**
- **Risque de surprises désagréables** : Lorsque vous achetez des palettes ou des colis sans description détaillée, vous prenez un risque majeur. Les colis peuvent contenir des articles de mauvaise qualité, endommagés ou inutilisables. Cela peut entraîner des pertes financières importantes, surtout si vous avez payé un prix élevé pour des articles qui ne se vendront pas.
- **Vérifier la description** : Avant d'acheter, assurez-vous de recevoir une description claire des articles contenus dans le lot. Cette description doit inclure des informations sur l'état, la quantité, la catégorie des produits (vêtements, électroniques, etc.) et, si possible, des photos. Si la description est trop vague, vous risquez de vous retrouver avec des produits difficiles à revendre.

**2. Demander des informations supplémentaires**
- **Contactez le vendeur** : Si la description du lot est

insuffisante, contactez le vendeur pour demander plus de détails. Cela peut inclure des informations sur la marque, la taille, l'état des produits, ou même des photos supplémentaires. Un vendeur fiable sera transparent et disposé à fournir ces informations.
- **Évaluer le lot avant d'acheter** : Si possible, demandez à voir un échantillon des produits avant de vous engager dans l'achat de palettes entières. Cela vous permettra de juger de la qualité des articles et de vérifier si les produits correspondent à ce que vous recherchez.

### 3. Éviter les achats impulsifs
- **Ne jamais acheter sous pression** : Lorsque vous participez à des enchères ou que vous êtes tenté par une offre « exceptionnelle », prenez toujours le temps de bien analyser la description et les conditions de l'achat. L'achat impulsif peut conduire à des erreurs coûteuses.

---

## b. Sous-estimer les coûts d'expédition ou de réparation

### 1. Coûts d'expédition élevés
- **Calculer les frais de livraison à l'avance** : Lorsque vous achetez des palettes ou des colis, les frais d'expédition peuvent varier considérablement selon la taille et le poids des produits. Ces coûts sont souvent négligés, mais ils peuvent avoir un impact significatif sur votre rentabilité. Assurez-vous de prendre en compte ces frais dans votre budget global.
- **Prendre en compte la distance et le mode d'expédition** : Les frais d'expédition peuvent également varier en fonction du mode choisi (par avion, par camion, etc.) et de la distance à parcourir. Si vous achetez des palettes venant de l'étranger, cela peut entraîner des frais de douane et des taxes supplémentaires. Prévoyez toujours une estimation précise avant d'acheter.

## 2. Coûts de réparation ou de remise en état

- **Anticiper les coûts de réparation** : Certaines palettes peuvent contenir des articles nécessitant des réparations ou un nettoyage avant de pouvoir être revendues. Si vous n'évaluez pas correctement l'état des articles, vous risquez de sous-estimer les coûts nécessaires pour les remettre en état. Par exemple, un téléphone endommagé peut sembler récupérable, mais le coût de la réparation pourrait réduire considérablement vos marges bénéficiaires.

- **Faire une estimation des coûts de réparation** : Avant d'acheter des articles susceptibles d'être abîmés, faites une estimation des coûts de réparation. Si vous ne pouvez pas réparer les articles vous-même, incluez le coût de l'embauche d'un professionnel dans votre calcul des coûts totaux. Cela vous permettra de ne pas être pris au dépourvu si des réparations sont nécessaires.

- **Prendre en compte les coûts de stockage** : Si certains articles nécessitent des réparations ou un nettoyage, cela peut également entraîner des coûts de stockage supplémentaires, car ces produits ne peuvent pas être immédiatement revendus. Tenez compte de ces coûts lorsque vous évaluez la rentabilité de l'achat.

## 3. Suivi des coûts totaux

- **Calculer le coût total de chaque produit** : Ne vous contentez pas de calculer le prix d'achat initial des articles. Pensez à inclure tous les frais associés à la revente (frais d'expédition, réparations, taxes, commissions de vente, etc.). Une estimation complète du coût d'un produit vous aidera à fixer un prix de revente qui vous permettra de réaliser un bénéfice net.

- **Suivi rigoureux des dépenses** : Tenez un registre détaillé de toutes vos dépenses (achat, frais d'expédition, réparations, etc.). Cela vous aidera à suivre vos marges bénéficiaires et à ajuster vos stratégies d'achat et de vente pour maximiser vos profits.

## Conclusion

Pour réussir dans la revente de colis et d'articles, il est essentiel d'éviter des erreurs courantes comme l'achat de colis sans description claire et la sous-estimation des coûts d'expédition ou de réparation. Assurez-vous de toujours obtenir une description détaillée des produits avant l'achat et de bien évaluer les frais additionnels liés à l'expédition et à la remise en état des articles. Une bonne planification et une gestion rigoureuse de vos coûts vous permettront de maximiser vos gains et de minimiser les risques.

3. **<u>Conseils pour éviter les arnaques :</u>**
    - <u>Se méfier des plateformes douteuses.</u>
    - <u>Vérifier la réputation des vendeurs avant d'acheter.</u>

Lors de l'achat de palettes ou de colis pour la revente, il est essentiel de rester vigilant pour éviter les arnaques. De nombreuses plateformes peu fiables et des vendeurs malhonnêtes peuvent tenter de vous faire perdre de l'argent en vendant des produits de mauvaise qualité, inexistants ou endommagés. Voici quelques conseils pour vous protéger contre ces pièges.

### a. <u>Se méfier des plateformes douteuses</u>

### 1. Rechercher des avis et retours d'expérience

- **Lire les avis des utilisateurs** : Avant de vous inscrire sur une nouvelle plateforme ou d'acheter un lot, recherchez des avis d'autres utilisateurs sur internet. Des sites comme Trustpilot, les forums spécialisés, ou même les

groupes de discussion sur Facebook ou Reddit peuvent vous fournir des informations sur la fiabilité de la plateforme. Si de nombreux utilisateurs signalent des problèmes récurrents, il est préférable de s'abstenir.
- **Vérifier la présence de la plateforme sur les réseaux sociaux** : Les plateformes réputées ont souvent des pages actives sur les réseaux sociaux (Facebook, Instagram, etc.). Une présence régulière et une interaction transparente avec les clients sont des signes positifs. Méfiez-vous des sites sans activité ou avec des commentaires négatifs nombreux.

2. **Contrôler les mentions légales et la politique de retour**
   - **Vérifier les informations légales** : Une plateforme légitime doit afficher des informations légales claires, telles que des coordonnées de contact, une adresse physique, ainsi que des conditions générales de vente. Si ces informations sont floues ou absentes, cela doit vous alerter.
   - **Lire la politique de retour et de remboursement** : Une bonne plateforme aura une politique de retour claire. Si la politique est absente ou trop restrictive, cela peut être un signe d'escroquerie. Assurez-vous que vous pouvez retourner des articles non conformes ou endommagés et que des remboursements sont possibles en cas de problème.

3. **Vérifier la sécurité du site**
   - **Assurez-vous de la sécurité du site web** : Lorsque vous effectuez un achat en ligne, vérifiez que le site est sécurisé. Recherchez une connexion HTTPS dans l'URL, ce qui indique que la plateforme utilise un protocole sécurisé pour protéger vos informations personnelles et bancaires.
   - **Faites attention aux demandes de paiement inhabituelles** : Méfiez-vous des sites qui vous

demandent de payer par des moyens peu sûrs ou non traçables (comme des virements bancaires directs ou des paiements par crypto-monnaie dans des situations suspectes).

**4. Vérifier les annonces et offres trop belles pour être vraies**
- **Soyez prudent face aux offres exceptionnelles** : Si une offre semble trop belle pour être vraie, elle l'est probablement. Les escrocs utilisent des prix extrêmement bas pour attirer les acheteurs. Par exemple, si un lot est proposé à une fraction du prix habituel, cela peut être un signal d'alerte. Faites preuve de prudence et comparez les prix avant de faire un achat.

## b. Vérifier la réputation des vendeurs avant d'acheter

**1. Consulter les évaluations des vendeurs**
- **Vérifier les évaluations et commentaires** : Sur des plateformes comme eBay, Amazon, ou même Facebook Marketplace, les vendeurs ont souvent un système de notation basé sur les retours des clients précédents. Prenez le temps de lire ces évaluations pour voir si le vendeur est fiable. Les vendeurs bien établis auront généralement une note élevée et de nombreux avis positifs. Méfiez-vous des vendeurs avec des évaluations faibles ou des retours négatifs fréquents.
- **Rechercher des profils professionnels** : Si le vendeur a un profil incomplet, sans historique d'achats ou de ventes, cela peut être suspect. En revanche, un vendeur ayant une activité régulière et une présence professionnelle en ligne inspire davantage confiance.

**2. Vérifier l'historique du vendeur**
- **Rechercher des informations externes sur le vendeur** : Utilisez Google pour rechercher le nom du vendeur ou de l'entreprise et voir s'il y a des retours d'expérience ou des

signalements d'escroquerie. Les forums spécialisés dans la revente ou les réseaux sociaux peuvent être de bonnes ressources pour vérifier la réputation d'un vendeur.

- **Demander des références** : Si vous avez des doutes, n'hésitez pas à demander des références à d'autres acheteurs ou même au vendeur lui-même. Un vendeur sérieux sera disposé à fournir des informations ou des témoignages de clients précédents pour prouver sa fiabilité.

### 3. Exiger des informations détaillées sur les produits

- **Demander des photos détaillées** : Lorsque vous achetez des lots, assurez-vous de demander des photos détaillées des produits. Cela permet de vérifier l'état des articles avant l'achat. Méfiez-vous des annonces qui ne fournissent pas suffisamment d'informations ou qui utilisent des photos génériques.
- **Vérifier l'origine des produits** : Assurez-vous de connaître l'origine des produits proposés par le vendeur. Par exemple, si vous achetez des produits électroniques, il est essentiel de savoir si les articles sont d'occasion, reconditionnés ou neufs. Des produits reconditionnés peuvent nécessiter des réparations ou des ajustements supplémentaires avant d'être revendus.

### 4. Vérifier la politique de paiement et de livraison

- **Éviter les paiements non sécurisés** : Un vendeur fiable proposera des moyens de paiement sécurisés, comme PayPal ou des plateformes de paiement reconnues. Méfiez-vous des vendeurs qui insistent pour un paiement par virement bancaire direct ou d'autres moyens de paiement risqués.
- **Contrôler les conditions de livraison** : Assurez-vous que le vendeur indique clairement les délais de livraison et qu'il propose un suivi de colis pour vous assurer de la réception de vos articles. Si un vendeur refuse de donner

ces informations ou semble hésiter à vous fournir des détails, cela peut être un signe d'alerte.

## Conclusion

Pour éviter les arnaques dans l'achat de palettes ou de colis, il est essentiel de se méfier des plateformes douteuses et de vérifier systématiquement la réputation des vendeurs. Assurez-vous de lire les avis des utilisateurs, de vérifier la sécurité du site, et de contrôler les informations légales avant de faire un achat. En outre, demandez toujours des informations détaillées sur les produits et assurez-vous que le vendeur est digne de confiance. En suivant ces étapes, vous minimiserez les risques de tomber dans des arnaques et maximiserez vos chances de réussir vos achats et ventes.

# Comment repérer les bons colis à acheter?

## Analyser la Description du Lot

### a. Précision de la description

- **Vérifiez les détails fournis** : Une description claire et détaillée du lot est essentielle pour évaluer son potentiel. Un bon vendeur mentionnera la marque, l'état des articles, la quantité, et, si possible, fournira des photos de chaque produit. Si la description est vague ou absente, il est préférable de se méfier.
- **Catégorie de produits** : Si la description inclut des produits d'une catégorie populaire, comme l'électronique, les vêtements de marques connues, ou des objets saisonniers, cela peut être un bon signe. Certaines catégories se revendent plus facilement et rapidement, comme les smartphones, les ordinateurs,

ou les vêtements de marques réputées.

### b. État des produits

- **Vérifier l'état général** : Si les produits sont d'occasion, assurez-vous que leur état est bien décrit. Les articles en bon état ou avec des défauts mineurs (faciles à réparer ou nettoyer) sont généralement plus intéressants que ceux gravement endommagés. Si des photos sont fournies, examinez-les attentivement pour repérer les imperfections ou les signes de dommages.

## 2. Recherche des Produits à Haute Valeur de Revente

### a. Électronique et appareils de marque

- **Les produits électroniques** (téléphones, tablettes, ordinateurs portables, etc.) sont toujours en demande. Ce sont des produits qui se revendent rapidement si leur état est bon. Si vous pouvez obtenir des appareils de marques populaires comme Apple, Samsung, ou Sony à un prix compétitif, vous pouvez réaliser une bonne marge bénéficiaire.
- **Vérifiez les numéros de série** : Pour les produits électroniques, demandez les numéros de série afin de vérifier s'ils sont volés ou contrefaits. Cela vous évitera d'acheter des articles que vous ne pourrez pas revendre.

### b. Vêtements et accessoires de marques

- **Les articles de mode** de marques connues (Nike, Adidas, Levi's, etc.) ont une demande constante. Même des articles d'occasion ou des invendus peuvent se revendre à prix attractif, surtout s'ils sont en bon état et tendance.
- **Suivre les tendances** : Recherchez les vêtements et accessoires qui sont à la mode ou qui se vendent bien pendant certaines saisons (par exemple, des manteaux d'hiver ou des maillots de bain en été).

## c. Objets rares ou saisonniers

- **Objets collectables ou limités** : Les produits rares ou en édition limitée peuvent se revendre à des prix bien plus élevés que leur valeur initiale, comme les figurines de collection, les éditions spéciales de jeux vidéo, ou les objets vintage. Recherchez ces types de produits dans les lots.

- **Articles saisonniers** : Pensez aux produits saisonniers qui connaissent une forte demande pendant certaines périodes de l'année, comme les décorations de Noël ou les articles de jardinage au printemps.

## 3. Vérification de la Rentabilité

### a. Estimer la valeur de revente des articles

- **Comparer avec les prix du marché** : Avant d'acheter un lot, comparez les prix des produits similaires sur des plateformes de revente comme eBay, Amazon, Vinted, ou Le Bon Coin. Cela vous donnera une idée de la valeur des articles que vous achetez.

- **Utiliser des outils de recherche de prix** : Des sites comme PriceRunner, Google Shopping, ou CamelCamelCamel peuvent vous aider à connaître les prix actuels des produits neufs. En comparant les prix des produits neufs et d'occasion, vous pourrez estimer le prix de revente des produits que vous achetez.

### b. Calculer les coûts associés

- **Prendre en compte les frais d'expédition** : Assurez-vous de bien calculer les frais d'expédition et d'autres coûts associés à l'achat et à la revente des produits. Parfois, des frais de transport élevés ou des coûts supplémentaires pour la réparation ou le nettoyage des articles peuvent réduire votre rentabilité.

- **Prévoir une marge bénéficiaire** : Déterminez à l'avance la marge bénéficiaire que vous souhaitez réaliser sur chaque article et assurez-vous que le lot permet de l'atteindre, après avoir pris en compte les coûts supplémentaires (réparations, nettoyage, expédition, commissions de vente, etc.).

## 4. S'assurer de la Fiabilité du Vendeur

### a. Rechercher des avis sur le vendeur

- **Vérifier la réputation** : Avant d'acheter, consultez les évaluations et commentaires du vendeur. Un vendeur ayant une bonne réputation est plus fiable et vous évitera les mauvaises surprises. Si possible, lisez des témoignages de clients précédents ou demandez à d'autres acheteurs leur avis sur le vendeur.

### b. Assurez-vous de la politique de retour

- **Demander des informations supplémentaires** : Si vous avez des doutes sur l'état ou l'origine des produits, n'hésitez pas à demander des photos supplémentaires ou des informations détaillées. De plus, vérifiez si le vendeur offre une politique de retour en cas de problème.

## 5. Identifier les Lots avec une Valeur Ajoutée

### a. Opter pour les lots diversifiés

- **Rechercher des lots variés** : Parfois, les lots diversifiés contiennent des produits qui se complètent ou qui ont une forte demande. Par exemple, un lot comprenant à la fois des vêtements, des accessoires, et des produits électroniques peut offrir plus d'opportunités de vente.

### b. Éviter les lots trop encombrants ou difficiles à vendre

- **Ne pas acheter des articles trop spécialisés ou difficiles à revendre** : Évitez d'acheter des produits de niche qui auront du mal à trouver des acheteurs. De même, les articles encombrants ou trop spécifiques peuvent être difficiles à vendre ou entraîner des coûts de stockage élevés.

## Prendre en compte les tendances du marché

### a. Analyser les tendances actuelles

- **Suivre les tendances saisonnières et les nouveautés** : Les tendances du marché changent régulièrement, surtout dans le domaine de l'électronique et de la mode. Par exemple, certains produits comme les smartphones ou les gadgets électroniques sont souvent en forte demande lorsqu'un modèle spécifique devient populaire. Restez informé des dernières nouveautés et ajustez vos achats en fonction de ce qui est populaire.
- **Observer les périodes de forte demande** : Certains produits, comme les jouets, les décorations de Noël ou les équipements de sport, peuvent voir leur valeur augmenter à des périodes spécifiques de l'année. En achetant ces produits avant leur pic de demande, vous pourrez les revendre à un prix plus élevé.

### b. Utiliser des outils de prévision des tendances

- **Utiliser des outils comme Google Trends** : Google Trends vous permet d'analyser l'évolution de la popularité de certains produits au fil du temps. Cela peut vous aider à identifier les produits qui gagnent en popularité et à anticiper leur demande future. Les tendances de recherche sur des plateformes comme Amazon ou eBay peuvent également vous fournir des indices sur ce qui se vend bien en ce moment.

### 7. Examiner les Packs ou Lots et leur Valeur Ajoutée

**a. Privilégier les lots avec une certaine cohérence**

- **Rechercher des lots homogènes** : Il peut être avantageux d'acheter des lots de produits similaires ou complémentaires. Par exemple, un lot de vêtements de la même taille, ou un lot d'accessoires pour un type de produit spécifique (par exemple, des accessoires pour téléphones portables ou des accessoires de cuisine). Cela permet de mieux cibler le marché et d'optimiser la revente, car les acheteurs seront plus intéressés par des ensembles cohérents.

- **Éviter les lots trop hétérogènes** : Les lots qui contiennent des articles disparates et difficilement compatibles peuvent se vendre moins rapidement et nécessiter plus de travail pour être triés et revendus. Par exemple, un lot contenant à la fois des jouets pour enfants, des outils de jardinage et des produits électroniques peut être plus difficile à revendre efficacement.

**b. Analyser la qualité globale du lot**

- **Faire attention à la qualité des articles** : Si vous achetez un lot comprenant plusieurs articles, assurez-vous que leur qualité est globale et qu'il n'y a pas trop de produits défectueux ou inutilisables. Parfois, un lot peut contenir un ou deux articles de grande valeur, mais aussi des produits endommagés ou non vendables qui réduisent la rentabilité. Vérifiez les évaluations des lots précédents pour savoir si le vendeur offre des produits de qualité.

- **Vérifier la provenance du lot** : Si possible, renseignez-vous sur l'origine des lots. Par exemple, un lot provenant de retours de consommateurs peut avoir un fort potentiel de revente, mais certains produits peuvent être inutilisables ou incomplets. Préférez les lots provenant de surplus d'inventaires ou de liquidations, car ils sont généralement bien organisés et peuvent contenir des articles neufs ou presque neufs.

## 8. Utiliser les Retours Clients et Témoignages

### a. Se baser sur l'expérience d'autres acheteurs

- **Consulter les témoignages sur des plateformes spécialisées** : Avant de faire un achat, cherchez des témoignages d'autres acheteurs qui ont déjà acheté le même lot ou produit sur la plateforme. Cela peut vous donner une idée de ce à quoi vous attendre en termes de qualité, de fiabilité du vendeur, et de rentabilité de l'achat. Des sites comme Trustpilot ou des forums de discussion peuvent être des sources utiles d'informations.
- **Vérifier les évaluations de produits similaires** : Parfois, les produits d'un même vendeur peuvent être évalués séparément. Si des articles similaires à ceux qui composent le lot que vous envisagez d'acheter sont bien notés, cela peut indiquer que la qualité des produits est globalement bonne.

## 9. La Logistique et l'Expédition

### a. Vérifier les frais de livraison et le délai

- **Anticiper les frais d'expédition** : Les coûts de livraison peuvent considérablement impacter vos marges bénéficiaires. Assurez-vous de prendre en compte ces frais avant d'acheter, en particulier si les colis proviennent de l'étranger. Les frais d'expédition élevés peuvent réduire la rentabilité de votre revente, surtout si vous revendez à des prix bas.

- **Délai de livraison** : Si vous achetez un lot en grande quantité, vérifiez également les délais de livraison. Certains vendeurs peuvent proposer des délais d'expédition longs ou peu fiables. Pour éviter les mauvaises surprises, privilégiez des vendeurs offrant un suivi des colis ou des options de livraison rapide.

**b. Assurer un stockage adéquat**

- **Planifier le stockage des articles** : Avant d'acheter un lot, assurez-vous que vous disposez de l'espace nécessaire pour stocker les produits de manière ordonnée et sécurisée. L'achat de lots volumineux sans un espace de stockage adéquat peut entraîner des pertes ou endommager les articles avant leur revente.

## 10. Considérer la Possibilité de Réparations ou de Rénovation

**a. Évaluer les réparations nécessaires**

- **Réparer ou restaurer des produits** : Certains lots peuvent contenir des produits endommagés, mais qui peuvent être facilement réparés ou rénovés. Cela peut être une occasion de réaliser un profit plus important, car les articles réparés ou rénovés peuvent être vendus à des prix plus élevés que ceux d'occasion.
- **Prendre en compte le coût des réparations** : Avant d'acheter un lot nécessitant des réparations, évaluez les coûts potentiels. Si les réparations sont simples et peu coûteuses, cela peut être rentable. En revanche, si des réparations complexes sont nécessaires, cela pourrait diminuer la marge bénéficiaire.

## Conclusion

Repérer les bons colis à acheter demande une analyse approfondie de plusieurs facteurs, notamment la description du lot, la qualité des articles, leur potentiel de revente, et la fiabilité du vendeur. Il est également crucial de prendre en compte les tendances du marché, les frais logistiques, et la possibilité de réparer ou restaurer certains produits. En appliquant ces critères, vous serez mieux préparé à choisir les meilleurs colis pour maximiser vos profits.

## Comment repérer les bons colis à acheter : Stratégies pour maximiser vos profits

Repérer les bons colis à acheter est crucial pour garantir le succès de votre activité de revente. Voici des étapes clés et des critères de sélection pour vous aider à faire les bons choix et à éviter les mauvaises surprises.

### 1. Analyser la description du lot

Avant d'acheter un colis, il est essentiel de **vérifier la description** fournie. Recherchez des informations détaillées sur le type d'articles inclus, l'état général des produits, ainsi que des précisions sur leur provenance (retours clients, surplus, liquidation, etc.). Si la description est floue ou imprécise, cela peut indiquer un risque. **Exigez des informations claires** sur le nombre d'articles et leur état avant de vous engager.

### 2. Connaître les types de produits populaires

Certains produits se vendent toujours mieux que d'autres. Privilégiez les colis contenant des **articles électroniques** (smartphones, tablettes, accessoires), des **vêtements de marques** populaires, des **objets saisonniers** (noël, été, etc.) et des **produits de maison** comme des appareils de cuisine ou des outils de bricolage. Voici quelques types de colis à rechercher :

- **Électronique** : les produits électroniques, même légèrement défectueux ou incomplets, peuvent être réparés ou revendus à un bon prix.
- **Marques populaires** : les articles de marques renommées ont souvent une demande constante et vous garantissent une meilleure rentabilité.
- **Vêtements et accessoires** : les vêtements de mode, surtout ceux de grandes marques ou ceux en édition limitée, se vendent rapidement.
- **Produits de saison** : par exemple, les décorations de Noël ou les équipements de sport d'hiver peuvent rapporter beaucoup s'ils sont achetés à la fin de la saison et revendus pendant la période où la demande est élevée.

## 3. Rechercher des lots bien équilibrés

Un bon lot contient une **diversité d'articles**, y compris certains produits qui peuvent être réparés ou nettoyés avant d'être revendus. Il est préférable de choisir des lots qui offrent un **bon rapport qualité-prix** et une répartition équitable entre des articles susceptibles de se vendre facilement et d'autres nécessitant un peu de travail. Par exemple, un lot avec des produits **de haute valeur** mélangés à des articles plus courants peut être un bon investissement si le prix global du lot est compétitif.

## 4. Évaluer l'état général des produits

L'état des produits est un facteur clé pour décider d'acheter un lot. Même si certains articles peuvent être **légèrement endommagés ou usés**, assurez-vous qu'ils peuvent être facilement réparés ou réutilisés. Ne vous laissez pas tromper par des photos peu claires ; demandez toujours des informations supplémentaires sur **l'état**

**des produits**. Si possible, inspectez les lots physiquement ou demandez des photos détaillées pour évaluer les défauts (rayures, pièces manquantes, etc.).

### 5. Comparer les prix avec le marché

Utilisez des plateformes comme **eBay**, **Amazon**, ou **Vinted** pour vérifier les prix de revente des articles similaires. Cela vous donnera une idée plus précise de la valeur de chaque produit dans le lot. Si vous trouvez des articles dont la valeur totale dépasse largement le prix du lot, c'est probablement une bonne affaire. **Soyez prudent** avec les lots dont les prix sont excessivement bas, car ils pourraient cacher des problèmes majeurs avec les produits.

### 6. Considérer les frais d'expédition et les taxes

Assurez-vous de prendre en compte tous les **coûts associés à l'achat** du lot, notamment les frais d'expédition, les taxes, ainsi que les éventuels frais de réparation ou de nettoyage. Un lot peut paraître intéressant, mais si les frais supplémentaires sont élevés, cela peut réduire vos marges bénéficiaires.

### 7. Vérifier la réputation des vendeurs et des plateformes

Il est essentiel de **vérifier la réputation des vendeurs** ou des plateformes avant d'acheter des colis. Les sites réputés auront des **avis clients** et des **historiques de transactions** qui vous permettront de juger de leur fiabilité. Evitez les plateformes douteuses ou les vendeurs sans historique de transactions, car ils peuvent être des sources d'arnaques.

### 8. Se renseigner sur les retours et garanties

Certains vendeurs ou plateformes offrent des **garanties de remboursement** ou permettent des **retours** sur les lots. Si un vendeur ne propose pas de garantie, cela peut être un signal d'alarme. En revanche, les vendeurs proposant des retours sur produits non conformes vous offrent une certaine sécurité en cas de litige.

## 9. Commencer avec des petits lots pour tester

Si vous êtes débutant, il est conseillé de commencer par **acheter de petits lots** pour tester la qualité des produits et vous familiariser avec les procédures. Cela vous permettra d'apprendre à reconnaître les bonnes affaires sans prendre trop de risques financiers. À mesure que vous gagnez de l'expérience, vous pourrez vous aventurer dans des achats plus importants.

## Conclusion : Soyez stratégique et informé

Repérer les bons colis à acheter nécessite de la **stratégie**, de la **recherche** et une bonne **compréhension du marché**. En suivant ces conseils et en vous formant à l'évaluation des produits, vous pourrez maximiser vos chances de succès. Chaque colis est une opportunité, mais c'est à vous de le découvrir et de le transformer en une **source de profit**.

## 10. Tenir compte de la saisonnalité des produits

Un autre facteur important à considérer lorsqu'on repère les bons colis à acheter est la **saisonnalité des produits**. Certains articles ont une demande accrue à des périodes spécifiques de l'année. Par exemple, les décorations de Noël, les vêtements d'hiver, ou encore les équipements de sport peuvent se vendre beaucoup mieux pendant la saison appropriée. Acheter des articles en dehors de leur saison de pointe peut vous permettre de les acquérir à un prix réduit, mais il est essentiel de garder en tête que leur revente se fera plus efficacement une fois la saison revenue.

- **Exemple** : Les vêtements d'hiver achetés pendant l'été peuvent être revendus à prix plus élevé dès que les températures commencent à baisser.

## 11. Rechercher des colis bien détaillés

Les plateformes qui offrent des **détails complets sur le contenu du colis** (photos claires, inventaire détaillé, etc.) sont souvent des sources fiables. Plus la description est précise, plus vous pouvez estimer correctement la valeur des articles. Parfois, un vendeur peut même fournir des informations sur des **produits spécifiques** qu'il pense se vendre particulièrement bien, ou ceux qui pourraient être endommagés et nécessiter des réparations.

Cela vous permet non seulement d'acheter des produits en connaissance de cause, mais aussi de mieux préparer la revente de ces articles, que ce soit pour des réparations, un nettoyage, ou pour être vendu tel quel.

## 12. Identifier les opportunités de reconditionnement

Si vous trouvez des **produits endommagés** ou incomplets, mais qui sont en bon état général (par exemple, un smartphone avec une coque fissurée mais un écran intact), évaluez leur potentiel de **reconditionnement**. Certaines plateformes, comme **Back Market** ou **Recommerce**, montrent qu'il y a un marché florissant pour les produits remis à neuf. En achetant des articles qui nécessitent peu de réparations, vous pourriez facilement les revendre à un prix attractif après les avoir réparés.

## 13. Profiter des liquidations et des ventes en gros

Les **liquidations de stock** ou les **ventes en gros** sont des endroits parfaits pour repérer des colis à acheter à un prix réduit. Les entreprises cherchent souvent à écouler des stocks excédentaires ou des articles non vendus avant la fin de l'année ou de la saison. Ces lots peuvent contenir une **grande variété de produits** et être achetés à des prix bien inférieurs à leur valeur réelle. L'avantage ici est que vous pouvez obtenir des produits à un tarif de gros et ensuite les revendre individuellement à un prix beaucoup plus élevé.

- **Exemple** : Acheter un lot de chaussures de marque en liquidation et les revendre une par une peut rapporter une belle marge bénéficiaire.

### 14. Utiliser des outils d'analyse de marché

Des outils comme **Terapeak**, **Google Trends** ou des plateformes d'analyse de produits peuvent vous aider à comprendre les **tendances de vente** et la demande de certains types de produits. Ces outils vous permettent d'analyser les prix des produits similaires en temps réel et d'identifier les articles les plus recherchés. Utiliser ces outils vous aidera à prendre des décisions éclairées et à investir dans des colis qui ont plus de chances de se vendre rapidement.

### 15. Soyez prêt à agir rapidement

Le marché des colis perdus, des liquidations ou des retours clients peut être très compétitif. **Les bonnes affaires ne restent pas longtemps disponibles.** Soyez donc prêt à agir rapidement dès que vous repérez un lot intéressant. Certaines plateformes de ventes aux enchères ou de liquidation permettent des enchères en ligne avec des délais très courts. Si vous êtes rapide et bien préparé, vous pourrez remporter des lots à un prix très avantageux.

## Conclusion : Devenir un expert dans la recherche des bons colis

Repérer les bons colis à acheter n'est pas une science exacte, mais c'est une compétence qui s'affine avec le temps et l'expérience. En utilisant une combinaison de stratégie, de recherche de qualité, d'analyse des tendances et de gestion des risques, vous pourrez maximiser vos chances de succès. Ce processus implique une certaine patience, mais une fois que vous aurez pris l'habitude de reconnaître les bonnes opportunités, vous pourrez développer une activité rentable et pérenne. Chaque colis est une chance d'augmenter vos profits, alors gardez les yeux ouverts et soyez toujours à l'affût des bonnes affaires !

## Chapitre 7 : Témoignages et succès inspirants

- Histoires de personnes ayant transformé cette activité en une source de revenus à plein temps.
- Conseils pratiques issus de leur expérience.

### 1. Témoignage de Marie, la revente de surplus d'inventaire en ligne

Marie a commencé à acheter des palettes de surplus d'inventaire principalement sur des sites comme Liquidation.com et Bulq. Au départ, elle achetait de petites quantités de produits pour tester le marché, mais avec le temps, elle a appris à évaluer mieux les lots et à identifier ceux qui ont un réel potentiel de profit.

**Comment elle a réussi :**

- **Premiers pas avec un petit budget** : Marie a commencé modestement avec des lots de vêtements et d'accessoires. Grâce à des recherches poussées sur les tendances de mode et la demande saisonnière, elle a pu acheter des produits populaires à des prix compétitifs.

- **Utilisation d'eBay et de Vinted :** Elle a d'abord vendu principalement sur eBay et Vinted. Sa stratégie était simple : acheter des articles de qualité à bas prix et les revendre au prix du marché.
- **Passage à plein temps :** Après plusieurs mois d'expérimentation et d'optimisation de son processus de revente, Marie a vu ses profits augmenter de manière significative. Elle a décidé de se consacrer à cette activité à plein temps, et aujourd'hui, elle génère des revenus confortables. Elle achète en gros et se concentre sur des produits tendance comme les articles de mode, les accessoires électroniques, et les produits pour la maison.

**Conseils pratiques de Marie :**

- **Ne jamais se précipiter dans l'achat de palettes :** "Prenez le temps de bien analyser chaque lot avant d'investir. Faites des recherches sur les produits et comparez les prix sur plusieurs plateformes."
- **Ne pas sous-estimer les frais de livraison et de stockage :** "C'est facile de se laisser emporter par le prix d'achat, mais n'oubliez pas que les frais de livraison et de stockage peuvent vite s'ajouter. Assurez-vous que votre marge bénéficiaire reste rentable après ces coûts."
- **L'importance de la photo et de la description :** "Des photos claires et bien éclairées, ainsi qu'une description détaillée, sont essentielles pour attirer les acheteurs. Si les articles ne sont pas parfaits, soyez transparent."

## 2. Témoignage de Paul, un entrepreneur dans les palettes électroniques

Paul a toujours été passionné par l'électronique, et il a rapidement vu le potentiel des palettes d'électronique provenant de retours clients et de liquidations. Au début, il achetait de petites quantités, principalement des téléphones, des tablettes et des accessoires électroniques.

**Comment il a réussi :**

- **Compréhension du marché de l'électronique :** Grâce à son expertise en électronique, Paul savait exactement quels produits avaient de la valeur. Il a commencé par acheter des lots d'appareils électroniques légèrement défectueux qu'il réparait avant de les revendre.
- **Création de son propre site e-commerce :** Une fois qu'il a maîtrisé la revente, Paul a lancé son propre site internet. En y vendant des produits électroniques réparés, il a pu réduire la concurrence d'autres plateformes et offrir des garanties de qualité à ses clients.
- **Passage à un modèle de vente en gros :** Avec le temps, il est passé de la vente au détail à la vente en gros de produits électroniques. Cela lui a permis de gagner de plus en plus de clients professionnels et d'augmenter ses marges bénéficiaires.

**Conseils pratiques de Paul :**

- **Spécialisez-vous dans une niche :** "La connaissance d'un secteur spécifique est un atout majeur. Cela vous permet de mieux comprendre les produits que vous achetez, de les réparer efficacement et de les vendre à des prix compétitifs."
- **Investir dans des outils pour réparer :** "Investir dans les bons outils de réparation peut être rentable à long terme. Cela vous permet de remettre en état des produits et de les revendre comme neufs."
- **Construire une relation de confiance avec les clients :** "En vendant des produits électroniques, assurez-vous de fournir un bon service après-vente. Les clients reviendront si vous offrez une garantie de qualité et une assistance en cas de problème."

---

### 3. Témoignage de Claire, la passionnée de mode et d'accessoires

Claire a commencé à vendre des vêtements et des accessoires en ligne pour arrondir ses fins de mois. Passionnée de mode, elle a rapidement vu le potentiel de gagner de l'argent en revendant des articles de marque qu'elle trouvait dans des palettes de retours clients ou de surplus.

**Comment elle a réussi :**

- **Se concentrer sur des produits de qualité :** Claire s'est d'abord spécialisée dans la revente de vêtements et accessoires de marques populaires, comme Zara, H&M, et des sacs à main de créateurs. Elle a appris à repérer les articles qui se vendaient le mieux, comme les vêtements de saison et les accessoires tendance.
- **Création d'une boutique en ligne sur Instagram :** Elle a utilisé Instagram pour promouvoir ses produits et créer une communauté de clients fidèles. Grâce à des posts réguliers et à des collaborations avec des influenceurs, Claire a rapidement vu ses ventes augmenter.
- **Croissance grâce à la vente en lot :** Pour maximiser ses gains, Claire a commencé à vendre certains de ses articles en lot, par exemple des vêtements d'une même taille ou des accessoires assortis, ce qui a attiré des acheteurs recherchant des bonnes affaires.

**Conseils pratiques de Claire :**

- **Utiliser les réseaux sociaux pour vendre :** "Les plateformes comme Instagram et Facebook Marketplace sont parfaites pour la vente de mode. Utilisez des photos stylées et engageantes pour attirer l'attention."
- **Ne jamais négliger les petites tailles :** "Certaines tailles ou articles moins populaires sont souvent sous-évalués. Ne les ignorez pas, car vous pouvez les revendre à des prix compétitifs ou dans des packs attractifs."
- **Restez toujours au courant des tendances :** "La mode évolue vite. Assurez-vous de suivre les dernières

tendances et d'acheter des produits qui seront populaires dans les mois à venir."

## 4. Témoignage de Marc, le spécialiste des produits saisonniers

Marc a transformé sa passion pour les produits saisonniers (décorations de Noël, équipements de jardin, etc.) en une activité lucrative. Il a commencé par acheter des palettes en liquidation d'articles non vendus et a fait preuve d'une grande perspicacité pour repérer les produits ayant un fort potentiel.

**Comment il a réussi :**

- **Se spécialiser dans les produits saisonniers :** Marc a identifié des créneaux porteurs, comme les décorations de Noël, les articles de jardinage et les produits de plein air. Ces produits se vendent bien pendant des périodes spécifiques de l'année.
- **Acheter en fin de saison :** Il achète des produits en fin de saison à des prix réduits pour les revendre au début de la saison suivante à un prix plus élevé.
- **Optimisation des ventes :** Marc a créé des bundles de produits saisonniers pour attirer les clients à la recherche de bonnes affaires, comme des lots de décorations de Noël ou des sets de jardinage complets.

**Conseils pratiques de Marc :**

- **Acheter en fin de saison pour vendre au prix fort :** "Les produits saisonniers se vendent souvent mieux si vous les achetez à la fin de la saison. Par exemple, achetez des décorations de Noël après les fêtes et revendez-les avant la saison suivante."
- **Créer des lots pour augmenter la valeur :** "Les lots de produits sont un excellent moyen d'attirer les acheteurs. Si vous pouvez regrouper des articles complémentaires, vous augmenterez vos ventes."

- **Prendre en compte la demande de chaque saison :** "Soyez attentif aux cycles saisonniers et planifiez vos achats en conséquence. Les produits qui se vendent bien à Noël peuvent ne pas être populaires l'été, et vice versa."

## Conclusion : Des parcours inspirants pour se lancer dans la revente

Les témoignages de Marie, Paul, Claire, et Marc illustrent la diversité des approches pour réussir dans l'achat et la revente de colis ou d'articles en liquidation. Que vous choisissiez de vous concentrer sur des produits électroniques, des vêtements de mode, des articles saisonniers ou des surplus d'inventaire, l'essentiel est de bien comprendre le marché, de s'organiser et d'optimiser vos stratégies de vente. Ces histoires montrent que, avec de la patience, des recherches approfondies et une gestion réfléchie, il est possible de transformer cette activité en une source de revenus durable à plein temps.

## Conclusion : Une activité rentable et flexible

- Résumé des étapes clés pour réussir dans l'achat et la revente de colis perdus.

  - **1. Rechercher les bonnes opportunités**

- La première étape consiste à **identifier les meilleures plateformes** où acheter des colis ou des lots à revendre. Des sites comme **Liquidation.com**, **Bulq**, et les ventes aux enchères de transporteurs comme **UPS**, **FedEx**, ou **La Poste** peuvent être des sources intéressantes. Il est essentiel de prendre le temps de **vérifier les descriptions des lots**, d'anticiper leur potentiel de valeur et de rester à l'affût des bonnes affaires.

### 2. Évaluer son budget et les coûts associés

- Avant d'investir, il est crucial de **définir un budget** réaliste en prenant en compte non seulement le prix d'achat des colis, mais aussi les **coûts supplémentaires** (transport, stockage, taxes, réparations éventuelles). En plus de cela, il est important de prévoir une **marge pour les produits invendables** ou ceux nécessitant une remise en état.

### 3. Trier et organiser les articles

- Une fois le lot reçu, la **tri et l'organisation** sont essentielles pour maximiser la rentabilité. Séparez les produits en trois catégories : **prêts à revendre**, **réparables** et **invendables**. Identifiez rapidement les articles nécessitant un nettoyage ou des réparations simples et créez un espace de stockage dédié pour les organiser.

### 4. Choisir les bonnes plateformes de revente

- Les **plateformes en ligne** comme **eBay**, **Vinted**, **Le Bon Coin** ou **Facebook Marketplace** sont idéales pour vendre des produits en ligne. Par ailleurs, **les marchés locaux** et les **boutiques physiques** peuvent également être une excellente option pour toucher une clientèle différente, notamment pour les articles volumineux ou difficiles à expédier.

### 5. Créer des annonces attractives et fixer des prix compétitifs

- Pour attirer l'attention des acheteurs, rédigez des

**descriptions claires** et **engageantes**, accompagnées de **photos de qualité**. Utilisez des outils comme **eBay** et **Amazon** pour estimer la valeur des articles et déterminer des **prix compétitifs**. Il est important de fixer des prix qui tiennent compte de la demande actuelle et des tendances, tout en permettant une marge bénéficiaire suffisante.

- ### 6. Optimiser son temps et sa gestion

- Planifiez vos journées pour maximiser les ventes et automatisez certaines tâches comme le **suivi des colis** ou la **mise en ligne des annonces**. Cela vous permettra de gagner du temps et de vous concentrer sur des actions à plus forte valeur ajoutée, comme la recherche de nouveaux lots.

- ### 7. Créer une clientèle fidèle

- Offrir un **service client irréprochable** et proposer des **promotions** ou des **offres groupées** peuvent aider à fidéliser vos acheteurs. Une **relation de confiance** avec vos clients vous assurera des ventes répétées et une réputation positive, essentielle pour le succès à long terme.

- ### 8. Réinvestir pour grandir

- Au fur et à mesure que votre activité grandit, il peut être judicieux de **réinvestir les bénéfices** dans des lots plus grands ou plus lucratifs. Diversifiez vos produits pour toucher un public plus large et augmenter vos sources de revenus. Le réinvestissement dans votre stock et l'élargissement de votre catalogue vous permettront d'augmenter vos bénéfices de manière exponentielle.

- **9. Identifier et éviter les pièges**

- Enfin, il est crucial de **reconnaître les erreurs courantes**, comme acheter des lots sans description claire ou sous-estimer les coûts d'expédition. Soyez également vigilant face aux **ar- naques**, notamment en vérifiant la réputation des vendeurs et en évitant les plateformes peu fiables.

- **En conclusion : Un secteur prometteur et flexible**

- L'achat et la revente de colis perdus ou de surplus est une activité qui peut s'avérer très rentable, à condition de respecter une méthode rigoureuse et bien organisée. Cette activité présente l'avantage d'être flexible : vous pouvez choisir de commencer petit ou de vous développer à une échelle plus importante. Avec les bonnes stratégies et une gestion adaptée, il est possible de transformer cette activité en une **source de revenus pérenne** et **flexible**. Le marché des produits excédentaires est vaste, et il n'y a pas de limites à ce que vous pouvez accomplir si vous suivez les bonnes pratiques et que vous êtes prêt à vous investir dans ce processus de vente.

- Encouragement à commencer à petite échelle et à développer son activité avec le temps.
- Si vous êtes novice dans le domaine de l'achat et de la revente de colis perdus ou de surplus, il est essentiel de **commencer petit**. Cela vous permettra de vous familiariser avec le processus, d'apprendre à évaluer les

lots, à organiser votre stock et à gérer vos ventes sans prendre de risques financiers trop importants. Voici pourquoi commencer à petite échelle est une excellente approche :

- **1. Apprentissage progressif**

- En débutant avec des petites quantités, vous aurez l'opportunité de tester différentes stratégies sans être submergé. Vous apprendrez à choisir les bons produits, à optimiser vos annonces, à comprendre la logistique d'expédition, et à évaluer la demande du marché. Ces petites expériences vous permettront de mieux cerner les enjeux et de vous adapter avant de vous lancer à plus grande échelle.

- **2. Gestion des risques financiers**

- Commencer petit vous permet de **minimiser les risques financiers**. Vous n'aurez pas à investir des sommes considérables dès le départ, ce qui vous donne une certaine sécurité en cas de mauvais choix ou de pertes sur certains produits. Avec le temps, en fonction de vos résultats, vous pourrez réinvestir les profits pour acheter des lots plus grands et diversifier vos produits.

- **3. Amélioration continue**

- À chaque vente, vous allez acquérir des compétences clés et affiner votre stratégie de revente. Commencer à petite échelle vous permet de **tester différents types de produits**, de peaufiner votre méthode de tri, et d'expérimenter avec des prix. Vous aurez ainsi l'opportunité de trouver la niche qui vous convient le mieux et de **construire une base solide** pour votre activité.

- ### 4. Flexibilité et adaptation

- En démarrant à petite échelle, vous pourrez facilement **adapter votre activité** en fonction de vos préférences, de l'évolution du marché, et des opportunités que vous rencontrerez. Vous n'êtes pas obligé de vous engager sur des volumes importants au début, ce qui vous permet de réévaluer constamment votre modèle d'affaires et d'apporter des ajustements sans pression.

- ### 5. Croissance progressive

- Une fois que vous vous sentez à l'aise avec votre modèle, vous pouvez commencer à **développer votre activité** en réinvestissant progressivement les bénéfices. Vous pourrez acheter des palettes plus grandes, diversifier les types de produits que vous proposez, et même explorer des plateformes de vente supplémentaires. La clé est de croître à votre propre rythme, en fonction de vos succès et de votre capacité à gérer les volumes.

- ### Conclusion : Commencer petit pour mieux grandir

- L'achat et la revente de colis perdus est une activité accessible à tous, même aux débutants. L'important est de commencer avec des petites quantités, d'apprendre au fur et à mesure et de développer progressivement votre activité. Cette approche vous permettra de maximiser vos chances de succès tout en minimisant les risques. Avec de la patience, de la persévérance et une gestion rigoureuse, vous pourrez transformer cette activité en une source de revenus stable et pérenne. Alors, n'attendez plus pour vous lancer !

- "Chaque colis a une histoire... et peut devenir une opportunité."

- **"Chaque colis a une histoire... et peut devenir une opportunité."**

  - Cette phrase résume parfaitement l'essence de l'achat et de la revente de colis perdus ou excédentaires. Chaque colis, qu'il provienne d'un retour client, d'une liquidation ou d'un excédent d'inventaire, porte avec lui une **histoire unique**. Derrière chaque étiquette se cache un potentiel inexploité. Ces colis, parfois oubliés ou négligés, peuvent être la clé d'une **opportunité lucrative** pour ceux qui savent les évaluer, les traiter et les revendre de manière astucieuse.

- <u>**Les colis : des histoires et des trésors à découvrir**</u>

  - Lorsque vous achetez un lot, vous ne vous contentez pas de recevoir des produits physiques, mais vous ouvrez aussi un **nouveau chapitre** dans votre aventure entrepreneuriale. Parfois, ces colis cachent des objets rares, des produits tendance, ou des articles de grande valeur qui attendent d'être redécouverts. Ils peuvent sembler banals à première vue, mais avec un œil averti et un peu de travail, ils peuvent se transformer en véritables **trésors**.

- <u>**Transformer chaque colis en une opportunité**</u>

- L'important dans cette activité, c'est de **voir au-delà de l'étiquette**. Chaque colis peut contenir des surprises. Un vêtement retourné peut devenir un produit recherché, un gadget électronique peut trouver une seconde vie grâce à des réparations simples, et des articles de saison peuvent rapporter gros lorsqu'ils sont revendus au bon moment. Votre capacité à **reconnaître le potentiel** de chaque article, même dans un colis que d'autres jugeraient sans valeur, fait toute la différence.

- ### Une chance pour tous

- Cette activité n'est pas réservée aux grandes entreprises ou aux professionnels aguerris. **Tout le monde** peut commencer à petite échelle et transformer une série de colis perdus ou excédentaires en une véritable source de revenus. L'essentiel est de prendre le temps d'analyser chaque lot, de tirer parti des opportunités et de capitaliser sur les produits qui ont le plus de potentiel.

- ### Conclusion : Faites de chaque colis une opportunité

- Rappelez-vous que chaque colis a sa propre histoire, et avec une gestion réfléchie et une approche stratégique, il peut devenir un véritable tremplin pour **créer un business prospère**. Chaque colis perdu est une **opportunité** en devenir, et en y consacrant du temps, de l'énergie et un peu de créativité, vous pouvez faire de ces colis oubliés une **source de succès durable**. Alors, ouvrez les colis, découvrez les histoires qu'ils renferment, et saisissez les opportunités qu'ils ont à offrir !

VINCENT THIRY

copyright@2024thiryvincent

Tous droit réservés

By vincent thiry

www.ingramcontent.com/pod-product-compliance
Lightning Source LLC
Chambersburg PA
CBHW050322230526
**45471CB00005B/2310**